THE TIMES
BOOK OF *RUSSIA*

LA RUSSIE

COMMERCIALE ET INDUSTRIELLE

TRADUIT DE L'ANGLAIS

PAR

GEORGES MIS

OUVRAGE DOCUMENTAIRE
D'INTÉRÊT PRATIQUE

SEPT CARTES

PARIS

H. DUNOD ET E. PINAT, ÉDITEURS

47 ET 49, QUAI DES GRANDS-AUGUSTINS (VIᵉ)

1917

LA RUSSIE

COMMERCIALE ET INDUSTRIELLE

THE TIMES
BOOK OF *RUSSIA*

LA RUSSIE

COMMERCIALE ET INDUSTRIELLE

TRADUIT DE L'ANGLAIS
PAR
GEORGES MIS

OUVRAGE DOCUMENTAIRE
D'INTÉRÊT PRATIQUE

SEPT CARTES

PARIS
H. DUNOD et E. PINAT, ÉDITEURS
47 ET 49, QUAI DES GRANDS-AUGUSTINS (VIᵉ)

1917

LA RUSSIE
COMMERCIALE ET INDUSTRIELLE

INTRODUCTION

A L'ÉDITION FRANÇAISE

La Russie et ses richesses sont mises à l'ordre
du jour, plus qu'elles ne le furent jamais au cours
de ces dernières années, par les milieux gou-
vernementaux, intellectuels, industriels et commerciaux, qui pressentent le rôle que la guerre
aura joué en sonnant pour ce pays l'heure d'une
formidable évolution économique. Nombreux
sont ceux qui, séduits par les perspectives que
nous offre ce pays, mettent leur activité et leur
énergie à nous convaincre que le moment est
venu de collaborer à son développement.

Les missions d'études, les notes consulaires,
les statistiques, les articles de presse, les livres,
les brochures techniques — tout particulièrement
celles publiées par l'Office National du Commerce

Extérieur, sous la signature de notre Attaché commercial à Petrograd, M. de Poulpiquet du Halgoüet — se multiplient et rivalisent pour mettre à la disposition de nos nationaux les informations variées et sûres qui doivent leur faciliter la participation au marché russe.

De grandes institutions, se fondant sur un programme de portée mondiale, ont admis qu'une très large part devait être faite à nos relations avec la Russie.

D'autres, et nous citerons en première place l'*Association « France-Russie »* aux destinées de laquelle préside M. Édouard Herriot, maire de Lyon, sénateur et ministre, se sont vouées exclusivement à développer nos relations avec ce pays. Par ailleurs, nous n'aurions garde d'oublier les services éminents et incessants rendus par la Chambre de Commerce russo-française de Petrograd, et ses succursales dans les principales villes russes, sous l'impulsion de son actif vice-président, M. Darcy.

Si l'on ne veut paver de déceptions les premières étapes de la route qu'on entend tracer à nos exportateurs, il ne faut point leur dissimuler qu'ils rencontreront la compétition de tout ce que le monde compte de *business men* entreprenants, ardents à ramasser dans la paix les dépouilles opimes de nos actuels ennemis. La meilleure preuve en est que nos compétiteurs, qui ne sont point gens à se précipiter tête baissée vers un champ nouveau sans s'être copieusement documentés à l'avance sur les ressources et sur les débouchés qu'il peut offrir, n'ont pas manqué de réunir de précieuses informations analogues à celles que cherchent à nous fournir des concitoyens dévoués.

Il nous a donc paru que, pour guider utilement la marche de nos pionniers résolus à porter les produits de notre industrie dans ce qui était, hier encore, l'empire des tsars, et à les y faire apprécier, il convenait, à côté des documents dressés à un point de vue uniquement français, de mettre sous leurs yeux l'un de ceux de même nature qu'à l'étranger les plumes les plus qualifiées ont écrits pour l'orientation de leurs ressortissants.

C'est de cette conception qu'est sortie la traduction du présent volume, édité par le grand journal londonien le *Times*, dont la haute autorité suffira à souligner la valeur toute pratique.

On remarquera que le texte, que nous avons serré aussi près que possible, n'a point de prétentions littéraires et que les divers auteurs, dans un style sobre, clair et concis, le seul qui convînt, se sont attachés surtout à faire œuvre utile.

Ainsi que le déclare la « Note de l'éditeur » anglais qui précède l'ouvrage, la matière de celui-ci a été empruntée à des études parues successivement dans les suppléments russes du *Times*, et soigneusement révisées et mises à jour au cours même de la guerre. C'est dire que le travail que nous présentons, — sauf évidemment sur quelques points, les événements, comme chacun sait, ayant marché à pas de géants depuis l'apparition du livre anglais, mars 1916, — est tout d'actualité.

Nous osons espérer qu'il sera d'autant mieux accueilli du public auquel il s'adresse, comme une utile contribution répondant bien au but que nous nous sommes proposé, que l'initiative que nous avons prise d'en entreprendre la traduction a reçu toute l'approbation de l'*Association* « *France-Russie* » et son patronage effectif, sous forme d'une souscription à un nombre important de volumes destinés à ses propres membres.

LE TRADUCTEUR

NOTE DE L'ÉDITEUR ANGLAIS

La matière de ce volume est empruntée aux articles qui ont paru dans le supplément russe du « Times » depuis la publication de son premier numéro en décembre 1911. Les parties les plus importantes de ses nombreux articles sur les finances, l'industrie et le commerce ont été sélectionnées, revues et mises à jour. Les statistiques russes sont toujours assez difficiles à obtenir et la guerre a encore augmenté les difficultés que l'on éprouvait d'ordinaire à se procurer des chiffres de date très récente. Quoi qu'il en soit, nous espérons que les renseignements contenus dans les chapitres qui vont suivre sont assez précis et récents pour être d'une réelle utilité à ceux qui s'intéressent à la Russie à un point de vue commercial. Quelques chapitres ont été ajoutés pour donner un aperçu des phases les plus intéressantes de la vie sociale russe ; ils permettront d'élucider quelques-uns des problèmes qui se présentent à l'examen de l'homme d'affaires appelé à traiter avec un pays aussi différent du nôtre que l'est la Russie.

L'Editeur adresse ses remerciements aux nombreux écrivains qui ont fait paraître dans le Supplément des articles dont il a utilisé la matière. Il remercie particulièrement Sir Donald Mackenzie Wallace, tout à la fois pour l'emploi qu'il a pu faire de ses diverses contributions au Supplément et de l'obligeance qu'il a montrée en écrivant une introduction pour ce volume.

L'Editeur désire aussi remercier M. Chester Wells Purington dont l'intime connaissance du régime des mines sibériennes a été mise à profit pour préparer quelques-uns des chapitres relatifs aux industries minières. Il lui est également obligé de l'autorisation qu'il a accordée de reproduire ses cartes du Transsibérien (pages 195 et 247).

Enfin, l'Editeur exprime ses remerciements à M. le professeur John A. Todd et à MM. A. et C. Black, qui ont autorisé la reproduction de la carte des régions de Russie où se cultive le coton, carte qui est extraite de leur ouvrage : « Les récoltes du coton dans le monde. »

Mars 1916.

INTRODUCTION

Le présent volume poursuit le double objet de stimuler et, dans une certaine mesure, de satisfaire l'intérêt de plus en plus vif que prend le public anglais à tout ce qui concerne la Russie. Mais il a, en outre, pour but particulier et pratique d'aider les lecteurs à comprendre comment il nous est possible, d'une part, en tant que nation, de résister aux tentatives insidieuses que font les Allemands pour monopoliser le commerce russe et, d'autre part, de faciliter à nos alliés le développement de leurs vastes ressources naturelles.

Pour atteindre ce résultat pratique, notre Gouvernement peut préparer le terrain en négociant des traités visant à assurer des avantages réciproques aux deux pays. Mais la tâche la plus importante devra être exécutée par nos commerçants, nos manufacturiers et nos financiers non officiels, et la première chose qu'ils ont à faire est de se mettre mieux au courant des conditions économiques et sociales dans lesquelles ils auront à opérer.

Jusqu'à présent, l'absence de ces connaissances

préliminaires les a placés dans une situation très désavantageuse au point de vue des efforts qu'ils ont faits pour soutenir la concurrence de leurs agressifs rivaux, les Allemands. Il en résulte que les entreprises anglaises ont été refoulées peu à peu à l'arrière-plan, au lieu de conserver la position prédominante dont elles jouissaient parfois en Russie.

Comme pionniers des nouveaux terrains d'entreprises, les Anglais ont montré toujours et partout d'admirables qualités : du courage, de l'ingéniosité, de l'initiative, de la persévérance, et ces qualités ont fait d'eux, au cours des siècles, la nation la plus commerçante et la plus colonisatrice de l'univers. Il y a cinquante ans, il semblait que cette fière situation pût être maintenue indéfiniment sans grandes difficultés, mais nous ne pouvons plus maintenant nous flatter de cette agréable illusion. La concurrence internationale est récemment devenue plus vive et bien plus compliquée. Nous avons aujourd'hui en face de nous un rival habile, possédant certaines qualités qui nous font défaut et employant des armes ingénieuses dont nous connaissons très imparfaitement le mécanisme et l'usage. Différant en cela de l'Anglais, l'Allemand possède à un degré élevé le talent particulier de l'activité systématique et corporative, ainsi que de l'organisation minutieuse, soigneusement étudiée à l'avance. Il bénéficie par là même d'un immense avantage sur l'homme qui se fie exclusivement à son effort individuel. Un proverbe

local russe dit : « Sur un champ de bataille, un individu n'est pas un guerrier », c'est-à-dire qu'un soldat
isolé, si brave et si habile qu'il soit, ne peut pas
faire tête à un régiment. Il en est ainsi pour les
nations rivales qui se disputent la suprématie commerciale et industrielle. Une foule hétérogène, bien
que composée d'unités de valeur, est aisément
repoussée du champ de bataille par une armée bien
organisée et bien entraînée.

Ces simples vérités ont été mises en lumière par
d'innombrables exemples au cours de notre lutte
contre nos rivaux teutons, dont les pionniers ont
joui de nombreux avantages inconnus ou méprisés
des Anglo-Saxons jouant franc jeu. Ils sont mieux
préparés, non seulement par leur éducation générale, mais encore par un entraînement spécial. On
leur a enseigné dans les écoles techniques les principes généraux de l'expansion commerciale, ainsi que
la situation particulière des pays où ils se proposent
d'opérer. Lorsqu'ils arrivent sur les lieux, ils augmentent rapidement leur stock d'informations utiles
en consultant les autorités consulaires et leurs compatriotes déjà établis ; ceux-ci, bien renseignés, les
regardent plutôt comme des coopérateurs que comme
des compétiteurs, car ils partent de ce principe que
sur un vaste espace il y a de la place pour beaucoup
de travailleurs. D'ailleurs, ces nouveaux venus, qui
ont au début des prétentions fort modestes, trouvent
souvent des postes dans les maisons indigènes, et ils

y acquièrent au cours de leur apprentissage une connaissance approfondie des conditions locales. On connaît trop pour qu'il soit utile de le décrire le rôle joué par les commis allemands jusque dans la cité de Londres, grande forteresse commerciale et financière dont la conquête est l'objectif poursuivi de Berlin, au prix des manœuvres les plus compliquées.

Leur stage une fois terminé, ces envahisseurs hostiles en costume bourgeois acquièrent habituellement une situation commerciale plus indépendante, et ils continuent à ne pas perdre de vue l'intérêt national, parallèlement à leurs intérêts individuels. Il se crée ainsi parmi eux un sentiment de fraternité qui tend à supprimer, ou tout au moins à mitiger les rivalités personnelles.

C'est là la forme humble et élémentaire de l'expansion commerciale au moyen d'une pénétration légitime et pacifique. Une forme plus élevée du procédé consiste à inonder le marché étranger des produits de l'industrie allemande au détriment des industriels du pays. Ce système est appliqué par des trusts, syndicats, *cartels*, et autres associations similaires. Le mot *cartel* a été inventé en Allemagne, mais l'institution qu'il désigne a été empruntée aux Etats-Unis et à d'autres pays étrangers. Au début, son action était limitée au commerce intérieur et avait pour objet d'obvier aux conséquences fâcheuses de la surproduction. Dès que l'Empire fut établi en 1871, l'activité industrielle prit rapidement en Allemagne des proportions telles que les marchés se trouvèrent encombrés et que les prix baissèrent en proportion. Afin d'empêcher une dépression plus forte et d'éviter une crise commerciale, les manufacturiers commencèrent à former des associations volontaires dans le but de régulariser l'importance de la production et de fixer les prix courants, de manière à laisser un bénéfice convenable aux industriels, le surplus étant exporté à l'étranger à des prix beaucoup plus bas. Cette méthode eut un bon résultat pendant un certain temps, mais peu à peu les marchés étrangers furent engorgés. C'est alors que les organisateurs de *cartels* eurent une idée ingénieuse : En submergeant les marchés étrangers, ils amèneraient la ruine des manufacturiers du pays et leur expulsion du terrain de compétition ! Il était certain que, de ce chef, les envahisseurs subiraient d'abord une perte temporaire, beaucoup de produits devant être vendus au-dessous du prix de revient, mais ils pourraient facilement supporter cette perte pendant un certain laps de temps, car ils réalisaient des bénéfices appréciables sur le marché allemand réglé artificiellement.

Dans les pays soumis au principe du libre-échange, tels que l'Angleterre, cette stratégie pouvait être appliquée facilement et sans danger, car elle n'était pas susceptible de provoquer des mesures de représailles. Mais il ne pouvait pas en être de même en Russie, où l'on n'aurait aucune hésitation à défendre les intérêts économiques nationaux par des tarifs protecteurs. On eut donc recours, à l'égard de ce pays, à une combinaison nouvelle, qui fut aussitôt appliquée. Elle consistait à créer des manufactures allemandes à l'intérieur des frontières de la Russie, et à acquérir le contrôle de toutes les manufactures russes susceptibles de les concurrencer. Un exemple remarquable de cette nouvelle stratégic fut fourni par le district de Lodz, près de Varsovie. Jusqu'en 1871, Lodz était resté une insignifiante ville de province, à peine plus importante qu'un gros village, mais dès que les Allemands l'eurent choisi pour en faire le centre de leur activité industrielle, le district se développa avec une activité si merveilleuse qu'il comptait déjà en 1894, d'après les statistiques officielles, 671 manufactures occupant 49.000 ouvriers, et ayant une production annuelle estimée à 200 millions de francs. A l'exposition industrielle de Nijni-Novgorod en 1896, le stand de Lodz éclipsa presque tous ceux des autres centres industriels de l'Empire. Quant à la proportion d'ensemble des manufactures allemandes en Russie, par rapport aux manufactures indigènes, il est impossible de la connaître par les statistiques ordinaires, car beaucoup d'établissements ostensiblement russes sont en fait sous le contrôle d'agents allemands.

Ces efforts faits pour s'assurer le contrôle effectif des entreprises indigènes furent grandement secondés par la fédération des principales banques alle-

mandes de Berlin et par leurs succursales de Petrograd, Moscou et des autres centres industriels. En
règle générale, ces banques possédaient des capitaux
dont le total était loin d'être proportionné à l'importance de leurs opérations, et comme elles accordaient
habituellement de longs crédits, elles couraient des
risques considérables. En conséquence, comme
les Compagnies d'assurances qui ont toujours à
craindre une grande catastrophe, elles formèrent des
syndicats pour atténuer leurs responsabilités particulières. Cet arrangement présentait l'avantage
complémentaire de constituer la base d'une unité
d'action systématique, ce qui prouve la vérité
du vieux proverbe français : « L'union fait la
force. »

M. Henri Hauser, qui a étudié très soignement les
méthodes allemandes de pénétration pacifique dans
divers pays, s'exprime ainsi : « Ce que les Allemands
ont fait en Italie et en Belgique, ils l'ont fait également en Russie. Ils se sont assuré, toutes les fois
qu'ils l'ont pu, une part prédominante dans la direction d'entreprises telles que les mines, la métallur-
gie, le pétrole, les transports, les constructions
mécaniques, les industries textiles, les produits chimiques, etc. Par des participations, une communauté
d'intérêts et l'assistance des banques ils se sont rendus maîtres des industries houillères de Dombrovo,
et de six entreprises en Pologne. D'un autre côté, ils
dominent complètement le marché du zinc, ainsi que

l'industrie pétrolifère, tant en Russie qu'en Roumanie. »

Cet auteur aurait pu ajouter que dans l'invasion allemande du monde industriel et commercial de Russie, les banques sont puissamment aidées par les agents techniques — ingénieurs, électriciens, chimistes et autres spécialistes — dont les services sont absolument indispensables aux industries très développées. Ces hommes, comme les commis allemands doués du don d'ubiquité dont j'ai déjà parlé, sont mus par des raisons complexes. Derrière leur zèle à réaliser des bénéfices pécuniaires par une action individuelle ou coopérative, on trouve un élément sérieux d'aspirations nationales sous forme de patriotisme économique et politique. Ils sentent qu'ils contribuent, à des degrés divers, à la grande œuvre de porter l'Allemagne au-dessus de tout : « Deutschland über Alles ! ». Ce fait a été relevé par un éminent économiste italien, M. Filippo Carli, qui a étudié les méthodes allemandes de pénétration pacifique dans son propre pays. Les Allemands, nous dit-il, ne peuvent concevoir que la prospérité des autres pays puisse contribuer à celle de l'Allemagne sans que celle-ci exerce son contrôle sur eux ; en conséquence, ils se sont efforcés de monopoliser le commerce et l'industrie de leurs voisins, sans avoir égard aux sentiments d'hostilité qu'ils suscitaient ainsi.

La communauté commerciale anglaise qui existait en Russie avait à lutter contre cette armée d'inva-

sion nombreuse et soigneusement organisée ; malheureusement, elle était mal préparée pour la lutte. Les
membres les plus âgés de cette colonie, — dont certains sont des descendants directs des pionniers qui
s'étaient établis à Arkhangel au bon vieux temps, —
étaient des hommes, honnêtes et très respectés,
du type conservateur. Ils restaient attachés aux
méthodes traditionnelles de leurs ancêtres, et ne
songèrent jamais à prendre des leçons à l'école de
leurs compétiteurs allemands, si entreprenants. Ils
estimaient que le vieux système était assez bon et
qu'il durerait bien autant qu'eux. Parmi les hommes
des jeunes générations, il y en avait qui sentaient
que tout n'était pas parfait en Israël et que l'ancienne gloire s'était évanouie, mais ils n'étaient pas
« made in Germany ». Au contraire, ils étaient pour
la plupart d'anciens élèves des écoles publiques
anglaises, où ils avaient pris la passion des sports et
adopté un mode de vie plus luxueux que celui de
leurs pères et de leurs grands-pères, et ils n'avaient
pas les qualités requises pour contrecarrer les opérations de la « taupe allemande », qui attaquait sou-
terrainement et détruisait les racines de la prospérité commerciale britannique à Petrograd.

Il existait en Angleterre certains manufacturiers
plus avisés des nécessités de la situation que leurs
compatriotes des bords de la Néva, et ils trouvèrent
pour déployer leur activité certains terrains que les
Allemands ne s'étaient pas encore appropriés. Parmi

ces industriels, figuraient les constructeurs d'outillage et de machines agricoles. Leurs efforts furent couronnés d'un tel succès que certains noms anglais, tels que Howard, Ransome, Page, Hornby, Clayton, etc., furent pendant quelques années très familiers dans les fertiles provinces du Sud, non seulement parmi les propriétaires terriens, mais encore parmi les paysans. Toutefois, au bout de quelque temps, les maisons qui avaient joui de cette vogue perdirent graduellement l'emprise du marché, faute d'avoir apporté une attention suffisante aux particularités de la situation locale. Bien qu'il eût été universellement reconnu que la charrue anglaise, par exemple, était de beaucoup supérieure à la *sokha* indigène, on s'aperçut à l'usage qu'elle était trop lourde pour les chevaux russes, dont la taille est petite, mais quand les paysans demandèrent un instrument aratoire plus léger et moins cher, on ne tint que fort peu compte de leurs désirs. On leur déclara qu'un article plus léger ne durerait pas aussi longtemps, et que pour le fabriquer il faudrait modifier l'outillage des ateliers de construction, et les méthodes suivies par les ouvriers anglais. Les Américains et les Allemands saisirent l'occasion et ils s'empressèrent de répondre aux desiderata de la clientèle, leur intervention ayant pour résultat d'éliminer en grande partie leurs prédécesseurs anglais.

Tandis que toutes les branches du commerce et de l'industrie britannique se trouvaient ainsi refoulées peu à peu du marché russe, quelques capitalistes anglais du type moderne apparurent sur la scène et firent sentir leur influence. Ayant reconnu que la Russie ne dépendait pas entièrement de son agriculture et qu'elle possédait d'énormes richesses minérales, ils résolurent d'engager de forts capitaux dans ce genre d'entreprises. Malheureusement, leurs investigations préliminaires ne furent pas faites avec le soin et la minutie qui caractérisent les méthodes d'action allemandes, et leurs placements ne furent pas toujours heureux. Toutefois, il y a lieu d'espérer qu'après la guerre ce travail pourra être repris avec de meilleures chances de succès. Comme on le fait remarquer avec juste raison dans l'un des chapitres du présent volume, il n'y a pas de motif pour que, grâce à l'extension des chemins de fer, à l'abondance des capitaux et d'une main-d'œuvre habile, et à l'encouragement intelligent du gouvernement, la Russie ne réalise pas de rapides progrès, tels ceux que l'Amérique a connus depuis la Guerre de Sécession.

Le lecteur désireux de se former par lui-même une opinion sur ces questions trouvera des éléments d'appréciation fort intéressants dans les chapitres suivants.

D. Mackenzie Wallace

CHAPITRE PREMIER

FINANCES, COMMERCE ET INDUSTRIE

Sous ce titre, nous allons présenter une courte revue de la situation satisfaisante des finances russes à l'ouverture de la guerre et donner un compte rendu des voies et moyens qui ont permis au département des Finances de l'Empire de faire face au problème financier posé par la guerre. Sans avoir besoin d'étudier à fond la question compliquée du système bancaire russe, il est cependant possible de traiter la question des méthodes anglaises comparées aux méthodes allemandes. Une tentative a été faite pour montrer le champ d'action agrandi qui s'ouvrira en Russie au commerce britannique si l'on trouve une solution au problème bancaire. La conclusion de cet essai paraît être que pour rivaliser avec le commerce, la finance et l'industrie russes, et si l'on veut expulser les Allemands des tranchées financières où ils se sont fortifiés en Russie depuis de longues années, il faut quelque chose de plus que de simples succursales de banques anglaises. L'Angleterre joue depuis les temps les plus reculés un rôle important dans le commerce extérieur de la Russie. Les relations étroites qui existent actuellement entre les deux pays semblent offrir une opportunité pour conclure un arrangement commercial dont la portée sera grande et qui profitera aux deux nations. Nos relations de tarifs avec la Russie, exposées plus loin, montrent que le gouvernement britannique n'a pas de temps à perdre pour encourager le commerce anglais, en assurant à ses exportations une réduction des droits de douane russes et une réglementation douanière favorable. On croit que, lors de sa visite à Londres en 1915, le ministre des Finances russe a donné l'assurance qu'il insisterait fortement pour aboutir à ce résultat si désirable. Ceux qui ne soat pas au courant de l'étendue et de l'importance du commerce russe devraient étudier les faits qui montrent dans quelle mesure les échanges entre la Russie et le Royaume-Uni se développeront grâce aux nouvelles routes commerciales. Rien de plus suggestif dans ce volume que la description de ces développements extraordinaires qui paraissent se poursuivre au moment même où la Russie est engagée dans la terrible guerre actuelle. Quel argument serait plus impressionnant pour montrer clairement l'énorme étendue de l'Empire russe?

Bien que l'on puisse considérer comme la richesse principale de la Russie son agriculture, ses forêts et ses mines, elle peut cependant être fière de posséder de vastes entreprises telles que ses tissages de coton,

. de laine, de chanvre, de jute et de soie ; ses établissements métallurgiques, — fer et acier, — ses chantiers de constructions navales et nombre d'autres industries qui sont toutes susceptibles de s'accroître encore. Il y a des perspectives satisfaisantes en Russie pour le génie civil britannique, et l'on continue à compter beaucoup après la guerre sur les ingénieurs anglais pour l'exécution consciencieuse et soignée des travaux. Les finances, le commerce, la navigation et les industries de la Russie sont des sujets passionnants pour le public en général, mais ceux de nos lecteurs qui entendent jouer leur partie dans ce développement merveilleux seront heureux de trouver dans les chapitres traitant de ces sujets des informations sur l'intérêt naissant qui se manifeste en Angleterre pour le russe, et le désir plus vif qu'on y constate d'y apprendre cette langue. Ce livre contient aussi des indications fort utiles sur l'excellent travail accompli dans nos universités et nos écoles au point de vue de l'enseignement du russe.

FINANCES

La place nous manque ici pour discuter les budgets russes antérieurs à la guerre ; il ne paraît pas d'ailleurs indispensable de se livrer à cette étude si l'on songe que la situation budgétaire en Russie a complètement changé par suite de la guerre, et qu'après les hostilités elle sera encore modifiée sous bien des rapports. Comme dans beaucoup d'autres domaines, la guerre a tracé une ligne de démarcation bien nette entre le passé et le présent. Nous nous bornerons à donner dans le tableau ci-après un résumé des dépenses de l'État en 1913 et en 1914. Ces chiffres ne sont donnés que pour servir de points de comparaison et pour montrer le caractère des augmentations normales en temps de paix. Les chiffres pour 1914 sont basés sur une approximation et représentent certainement ce qu'auraient été, à peu de chose près, les dépenses pour 1914 si la guerre n'avait pas éclaté.

La guerre n'a pas pris la Russie au dépourvu au point de vue financier. Les fonds dont disposaient le Trésor lors de la déclaration des hostilités s'élevaient à 500 millions de roubles (1.330 millions de francs)[1], et étaient déposés dans les établissements bancaires les plus solides à l'étranger, surtout en France et en Angleterre. Grâce à cette circonstance, le service des emprunts et des obligations russes était absolument garanti. La réserve d'or de la Banque d'État s'élevait à plus de 1.600 millions de roubles (4.256 millions de francs), avec une circulation fiduciaire un peu plus élevée que cette somme. Aucune banque d'émission du monde entier n'eut jamais à sa disposition une aussi forte réserve d'or. Les prévisions de recettes et de dépenses pour 1914 ont été élaborées sans déficit dans les budgets ordi-

1. Au cours moyen d'avant la guerre : 2,66.

DÉPENSES D'ÉTAT EN 1913 ET EN 1914

Budgets ordinaires (en milliers de roubles).

	1914	PROPORTION par rapport au total.	1913	PROPORTION par rapport au total.	AUGMENTATION	
		p. 100		p. 100		p. 100
1. Dépenses générales :						
Administration	403.228	12,2	372.220	12,4	31.008	8,3
Défense nationale	776.454	23,5	712.100	23,7	64.354	9,0
Dette publique	402.813	12,2	402.760	13,4	53	—
Garanties	25.820	0,8	27.135	0,9	(— 1.265)	(— 4,7)
Annuités	27.779	0,7	20.747	0,7	2.032	9,8
Pensions	117.994	3,7	116.170	3,8	1.824	1.6
2. Dépenses pour l'Instruction publique et dépenses productives :	1.749.138	53,1	1.651.132	54,9	98.006	5,9
Religion	24.481	0.8	22.411	0,8	2.070	9,2
Science, Beaux-Arts et Education	243.849	7,4	210.668	7,0	33.191	15,8
Hygiène publique	37.531	1,1	35.160	1,2	2.371	6,7
Agriculture et Colonisation	106.183	3,2	90.797	3,0	15.386	16,9
Subventions de l'Etat au Commerce et à l'Industrie	9.412	0,3	10.405	0,3	(— 993)	(— 9,5)
Voies de communications (sauf le réseau des chemins de fer de l'Etat)	66.236	2,0	51.664	1,7	14.572	28.2
Postes, Télégraphes et Téléphones	86.213	2,6	77.685	2,6	8.528	11,0
	573.915	17,4	498.790	16,6	75.125	15,1
3. Entreprises de l'Etat	963.622	29,2	847.342	28.2	116.280	13,7
4. Fonds de réserve	10.000	0,3	10.000	0.3	»	»
	3.296.675	100	3.007.264	100	289.411	9,6
5. Dépenses des exercices antérieurs	6.000	»	5.000	»	1.000	»

naires et extraordinaires, et elles laissaient même une marge assez grande pour permettre, en cas de guerre, de réduire toute une série de dépenses d'Etat de façon à obtenir les moyens financiers de soutenir le conflit. Le total des économies ainsi réalisées a dépassé 300 millions de roubles (800 millions de francs). Le produit des impôts du premier semestre de 1914 a dépassé de plus de 160 millions de roubles (425 millions de francs), celui de la période correspondante de 1913.

Dans de telles conditions, la Russie aurait disposé de très larges ressources pour la conduite de la guerre (y compris les fonds disponibles du Trésor, soit au moins un milliard de roubles, 2.660 millions de francs) sans avoir besoin d'augmenter les impôts, ce qu'aucun autre État n'a été capable de faire. Mais, dès le début de la guerre, le gouvernement russe a décidé de se libérer entièrement du système fiscal des vingt dernières années, système qui, sous la forme d'un monopole d'État de l'alcool, était basé primitivement sur le produit de la distillation et de la consommation de l'alcool. En d'autres termes, le gouvernement a sacrifié d'un seul coup les revenus qu'il tirait de l'alcool et a prohibé le commerce des liqueurs spiritueuses. Au début, cette prohibition ne s'appliquait qu'à la période de mobilisation ; en présence de ses heureux effets, elle fut étendue ultérieurement par un ukase impérial à la durée de la guerre et, finalement, il a été proposé de ne plus revenir après la guerre à l'ancien système et de demander à d'autres sources de revenus les ressources tirées jusqu'alors du monopole de l'alcool. Cette réforme fondamentale a immédiatement provoqué une baisse sensible des recettes pour la période juillet-octobre 1914, de sorte que les impôts en vigueur ont dû être considérés comme insuffisants pour couvrir les dépenses de la guerre. Le département des Finances a eu pour tâche de découvrir pour l'année à venir des matières imposables susceptibles de fournir les recettes nécessaires pour combler le déficit dû à l'interdiction de l'alcool, et à la baisse des recettes en douane et des chemins de fer provoquée par la guerre. Cette tâche n'était pas aisée; cependant le département des Finances s'en est acquitté avec un plein succès. Le budget d'État pour 1915 a été arrêté sans aucun déficit, bien que, du fait de la suppression de la vente de l'alcool, la diminution des recettes de l'État ait été évaluée à plus de 800 millions de roubles (2.128 millions de francs).

Pour atteindre ce résultat, il a fallu relever les taxes existantes et en introduire de nouvelles. Presque tous les impôts directs et indirects ont été augmentés — patentes, impôt foncier, impôt sur la propriété bâtie et sur les logements, ainsi que les droits d'accise sur le tabac, le sucre, les produits tirés du pétrole, les allumettes, les *gilzy* (porte-cigarettes) et le papier à cigarettes, la bière et la levure; les **droits de douane et de timbre ont été très sensi-**

blement relevés. Un impôt spécial par poud[1] a été
établi sur presque toutes les marchandises transportées par voie de fer ou par eau, et les taxes postales
et télégraphiques ont été également relevées. De
nouvelles taxes ont été créées sur les téléphones et
sur le coton brut, et on en étudie d'autres sur le vin,
sur l'éclairage électrique et au gaz, ainsi que sur les
actes hypothécaires. Enfin, l'on examine l'introduction d'un impôt sur le revenu, d'une taxe personnelle militaire, ainsi que la réforme de l'impôt sur
les successions, et d'autres taxes sur la propriété.
Toutes ces réformes auront pour résultat de combler le déficit déjà signalé provenant de l'interdiction de la vente des spiritueux, et du fléchissement
des recettes des douanes et des chemins de fer. Le
prix des spiritueux dont la vente aura été maintenue
sous certaines restrictions, sera porté à un taux très
élevé : le prix de vente du vodka sera de 20 roubles
(53 fr. 20) par vedro (12 lit. 239), au lieu de 8 roubles
40 kopeks (22 fr. 35), taux d'avant-guerre. Le droit
sur la bière a été porté presque au sextuple : de
1 rouble 70 (4 fr. 50) par poud (16 kg. 372) de malt,
il est passé à 9 roubles (23 fr. 95).

Indépendamment du déficit à combler, il a fallu
écarter certains autres obstacles, d'un caractère plutôt matériel que financier, résultant de la perturbation soudainement apportée au mouvement des

1. Le poud équivaut à 16 kg, 372.

marchandises. Un pays qui se trouve, comme la Russie, dans la première période de son développement, n'est pas exposé à certains des dangers financiers qui menacent les États plus avancés au cours d'une guerre européenne générale. Les finances de la masse des habitants, et même de la classe des commerçants, sont du type le plus simple : elles reposent plus sur les paiements au comptant que les finances des classes correspondantes du Royaume-Uni, de la France, de l'Allemagne et des États-Unis. Les fonds nécessaires à la guerre ont été réunis, grâce au crédit de l'Empire, par l'émission d'obligations à court terme, de bons du Trésor et d'un emprunt remboursable en quarante-neuf ans.

Les recettes pour l'exercice 1914 se sont élevées à 2.891.780.000 roubles (7.692.134.800 francs). Les recettes ordinaires pour 1915 s'élèvent à 3.132.174.314 roubles (8.331.583.675 francs) et celles de l'exercice en cours sont évaluées à 2.914.083.005 roubles (7.751.460.793 francs). Les recettes extraordinaires pour 1916 sont estimées à 336.832.192 roubles (895.973.630 francs) contre 70.318.878 roubles (187.048.215 francs) en 1915, ce qui porte les recettes totales pour l'année courante à 3.250.915.197 roubles (8.647.434.424 francs) contre un total de 3.202.493.192 roubles (8.518.631.890 francs). Les dépenses de la guerre sont d'environ 18 milliards par an.

En ce qui concerne les finances, dans le sens usuel

du mot, la Russie a été puissamment aidée par Londres et Paris, par Londres surtout. Ses finances de guerre sont entièrement garanties par ses deux grandes alliées en ce qui touche le paiement des nombreux articles qu'elle doit importer. Mais on peut dire aussi que ses finances intérieures sont en bonne posture, toujours en tenant compte du fait qu'elle est en guerre. D'une manière intrinsèque, sa position est beaucoup plus solide que celle de l'Allemagne, car elle est un pays de beaucoup moins bien organisé que celle-ci au point de vue économique. Son organisation économique est relativement primitive. Elle demeure le pays des possibilités économiques gigantesques. La Russie a énormément perdu par l'arrêt de son commerce d'exportation, mais il s'est produit dans son économie intérieure beaucoup moins de perturbation qu'on aurait pu s'y attendre, fait dû en grande partie à la prohibition de l'alcool, qui a augmenté la capacité de produire. En résumé, la situation financière de la Russie est tout à fait satisfaisante, malgré la guerre. Les impôts sont payés très régulièrement, de sorte que le gouvernement entreprend à l'heure actuelle une réforme profonde du système de l'imposition. Le crédit de l'État n'est pas du tout épuisé et les opérations de crédit déjà engagées se poursuivent avec un brillant succès. Les réserves d'or sont énormes et aucun danger ne menace l'étalon d'or. Dans ces conditions, la Russie peut tranquillement soutenir une longue guerre sans avoir la moindre crainte de désorganisation pour ses finances.

OPÉRATIONS DE BANQUE

Nous n'avons pas l'intention d'entrer ici dans le détail de la question compliquée des banques russes et de leurs procédés. Ce sujet est d'un caractère trop technique pour le lecteur ordinaire. Cependant, il convient de s'arrêter quelque peu sur la question plus vaste des mérites comparés des méthodes anglaises et des méthodes allemandes appliquées à la situation de la Russie. Cette question est la base même de la prédominance des Allemands dans le commerce russe.

Après la guerre de Crimée, il s'est produit un afflux très important de capitaux anglais et d'entreprises anglaises dans l'Empire russe. L'une des nombreuses sociétés anglaises formées à cette époque pour opérer sur les domaines du Tsar est celle des usines métallurgiques de Vyksunskiya (The Vyksunskiya Iron Works) fort prospère aujourd'hui. A la même époque, un grand nombre d'Anglais allèrent s'établir en Russie d'une façon permanente. Pendant deux ou trois décades à compter de la guerre de Crimée, les intérêts commerciaux britanniques ont eu la prédominance sur ceux de tous les autres étrangers immigrés dans le pays. Vers 1850, nous étions les ennemis des Russes et néanmoins nos intérêts en Russie furent très fortement stimulés par la

guerre. Après la guerre actuelle, où les armées des
deux nations auront combattu côte à côte, il y aura
certainement une tendance plus grande à donner
une expression pratique à nos intérêts en Russie.

Les leçons à tirer des relations qu'ont entretenues
les Anglais et les Russes immédiatement après la
guerre de Crimée sont dignes de retenir notre attention. Les circonstances qui ont favorisé à cette époque la prospérité britannique pourraient, si elles se
renouvelaient, fournir une base favorable à une nouvelle période de développement du commerce anglais. Le facteur essentiel est, aujourd'hui comme
autrefois, l'activité des banques, avec cette différence toutefois que cet élément est beaucoup plus
important qu'il y a cinquante ans. A ce moment, il
existait plusieurs maisons de banque anglaises à
Petrograd, et, d'autre part, toutes les grandes maisons anglaises se livrant au commerce des céréales
et du lin en Russie étaient pratiquement des « mar-
chands-banquiers » traitant directement avec les
producteurs. Tant que ce système patriarcal a sub-
sisté, notre supériorité est demeurée inattaquable.
Son déclin a commencé lorsque les petits commerçants juifs et allemands ont pu obtenir une aide financière des banques commerciales russes. Le négoce
allemand comprit vite la nécessité de contrôler ces
banques de façon à tenir le commerce russe entre
ses mains. Ceci résume en une seule phrase l'histoire
de la conquête du marché russe par les Allemands.

On peut donc trouver la leçon du passé dans la politique bancaire. Pour que le commerce anglais et les entreprises anglaises puissent reconquérir la place qui était la leur en Russie il y a un demi-siècle, il leur faut, avant tout, enlever aux Allemands la prédominance qu'ils ont acquise dans les grandes banques commerciales du pays. On a compris en Angleterre, dans les milieux commerciaux, que le meilleur moyen d'éviter une nouvelle guerre avec l'Allemagne, consiste à restreindre, sinon à paralyser, son développement économique. Le marché russe a été pour l'Allemagne l'un de ses meilleurs terrains d'action pour le « dumping » de ses produits. Les banques anglaises sont presque invariablement contraintes par leurs statuts et leurs chartes de s'occuper exclusivement d'opérations bancaires, et cela est devenu une idée fixe que toute dérogation à cette règle serait dangereuse. Autrefois, lorsque les intérêts commerciaux n'excédaient pas une certaine importance, que l'on considérerait aujourd'hui comme modeste, le commerçant et le banquier, termes souvent synonymes, étaient toujours en mesure de répondre à toutes les demandes. Dans un pays comme la Russie, où les banques sont de grandes entreprises commerciales faisant les affaires les plus diverses sur une vaste échelle, les conditions diffèrent totalement de notre conception étroite des banques ne devant se livrer qu'à des opérations purement bancaires. Il faut voir là l'une des principales raisons qui nous ont fait perdre le marché russe en faveur des Allemands.

Si nous analysons les autres causes de notre élimination par les Allemands, nous trouvons qu'elles ont presque toutes la même source. La plus grande difficulté que rencontrent les industriels anglais sur le marché russe ne réside pas dans le bon marché des produits allemands, car le consommateur russe est assez fin pour apprécier la supériorité des articles anglais dont le prix est plus élevé. La difficulté réelle est dans la question des règlements. Beaucoup de maisons anglaises dont les marchandises sont demandées en Russie de telle manière que le consommateur ne veut pas recevoir d'articles de substitution, préfèrent, malgré cela, passer par l'intermédiaire de maisons allemandes. Le commerçant allemand se trouve ainsi mis en mesure de prélever sa dîme à la fois sur le producteur et sur le consommateur. En même temps, il agit peu à peu sur l'esprit de la clientèle, et la persuade que les marchandises fournies par l'Allemagne ne sont à aucun point de vue inférieures à celles qui viennent directement d'Angleterre. Ainsi, le producteur anglais à courte vue qui vend ses marchandises à la Russie par l'entremise d'une firme allemande, de Hambourg ou d'ailleurs, n'aide pas seulement le commerce allemand, mais il contribue encore à tuer le commerce britannique.

Tout ce qui a été dit au sujet des questions commerciales s'applique avec plus de force encore à la

question du placement des fonds anglais, notamment
à cause de cette tendance peut-être regrettable des
capitalistes anglais à s'intéresser aux entreprises
ayant un caractère spéculatif. Si nous avions possédé
de gros intérêts dans les banques russes, nous aurions
économisé un total énorme de capitaux qui ont été
gaspillés en vain dans des entreprises de mines d'or
et de captation de pétrole qui, de notoriété publique,
n'avaient aucune valeur. Nous aurions probablement
évité d'inutiles compétitions entre firmes anglaises
et, par-dessus tout, nous nous serions efforcés de
travailler avec les Russes. En s'assurant une part
d'intérêts dans les sociétés et les banques russes, le
commerce britannique pourra mieux prendre pied en
Russie. Un fait singulier et frappant, c'est que nous
avons placé dans les entreprises russes beaucoup plus
de capitaux que les Allemands, et que ceux-ci ont
néanmoins réussi à exercer sur l'industrie russe une
influence beaucoup plus grande que la nôtre. On ne
saurait trop méditer ce fait. Il nous ramène une fois
de plus aux avantages incalculables que les Allemands ont retirés de leur participation aux grandes
banques commerciales de la Russie. Quelques-unes
de nos plus importantes sociétés de banque auraient
déjà jeté les bases, d'accord avec le Gouvernement
russe, d'un plan tendant à fonder des succursales à
Petrograd, afin de soutenir de leurs capitaux l'action
du commerce anglais en Russie. C'est là une décision
à retenir comme témoignant de l'intérêt que suscitent,

dans les cercles financiers anglais, les affaires avec
la Russie et, à ce point de vue, elle doit être enregistrée avec une satisfaction très vive. En même temps,
ce serait une faute que d'ignorer les mille et un services que peuvent rendre les grandes banques russes
elles-mêmes, grâce à leurs nombreuses succursales
disséminées dans toute la Russie, à leurs relations
étroites avec le commerce et l'industrie, et à l'influence prépondérante qu'elles exercent dans les Conseils économiques de l'Empire.

CHAPITRE II

COMMERCE EXTÉRIEUR ET TRANSPORTS MARITIMES

Avec ses grandes richesses minérales, qui vont de l'or et du platine au fer et à la houille ; avec ses immenses régions forestières ; ses fourrures précieuses et l'abondance de ses poissons estimés ; avec ses villes et ses cités à croissance rapide ; sa population qui augmente constamment et dont les besoins ne peuvent être satisfaits par l'industrie locale, la Russie apparaît aux yeux des étrangers comme un champ exceptionnellement favorable aux entreprises et au placement des capitaux.

Cependant, la Grande-Bretagne commence seulement à s'intéresser à la Russie. Les Anglais connaissent moins la Russie que l'Uruguay ou même les Philippines. Cette situation est déplorable, non seulement pour les intérêts russes, mais aussi pour ceux des entreprises britanniques. Pour la Russie, un afflux large et bien réglé de fonds et d'entreprises anglaises l'aiderait à convertir en réalités ses forces latentes, alors qu'à ses amis les Anglais, ces forces offriraient une occasion unique de faire une application judicieuse de leurs connaissances, de leur énergie et de leurs grandes richesses.

Les méthodes allemandes, telles qu'elles s'exerçaient en Russie avant la guerre, présentent avec l'apathie anglaise un contraste marqué. Il y a peu de fonds allemands en Russie sous le pavillon allemand, mais on en trouve partout dans les entreprises russes, ce qui donne l'explication de la supériorité que le commerce allemand a pris en Russie sur le commerce anglais. Le tableau ci-dessous, dont les chiffres sont empruntés aux statistiques officielles russes, donne une idée claire des importations anglaises et allemandes de janvier à juillet pendant les cinq semestres qui se terminent en juin 1914. Les chiffres sont groupés par semestre, afin de permettre la comparaison avec les éléments qui ont été recueillis pour le premier semestre de 1914 :

	IMPORTÉ D'ANGLETERRE		IMPORTÉ D'ALLEMAGNE	
	Roubles.	Équivalent en francs [1].	Roubles.	Équivalent en francs [1].
1910 . . .	72.100.000	191.786.000	202.500.000	538.650.000
1911 . . .	68.600.000	182.476.000	232.300.000	617.918.000
1912 . . .	63.000.000	167.580.000	238.700.000	634.942.000
1913 . . .	76.800.000	204.288.000	283.700.000	754.642.000
1914 . . .	94.300.000	250.838.000	352.300.000	937.148.000

[1] Au change moyen de 2,66.

Ce tableau montre que les exportations allemandes

accusent une augmentation constante, qui atteint, pour les six premiers mois de 1914, la somme colossale de 352.300.000 roubles, alors que les exportations anglaises, tout en progressant, ne s'accroissent que lentement et en subissant des fluctuations. La part de l'Allemagne dans les importations russes est de presque la moitié, ou, du moins, il en était ainsi avant la guerre.

Cependant, nous pouvons être certains que la Russie, jusqu'ici l'arène favorite de l'activité commerciale de l'Allemagne, est perdue pour elle, et il est fort peu probable qu'il se présente ultérieurement une situation grâce à laquelle les Allemands pourraient s'installer de nouveau autrement qu'à titre de quémandeurs accidentels et isolés, ne rencontrant partout que mauvaise volonté, ne trouvant plus sous leurs pas que l'insécurité d'un sable mouvant et non plus la terre ferme. Tous les Anglais et tous les étrangers qui s'intéressent tant soit peu à ce pays à un point de vue industriel, connaissent bien la valeur de la Russie pour les Allemands. Ils avaient presque monopolisé le transport des marchandises destinées au marché russe et l'exportation de ses inépuisables matières premières devenues indispensables aux industries de l'Europe occidentale.

A première vue, la participation des capitaux allemands aux industries russes n'apparaît pas considérable, par rapport à celle des fonds anglais, français et belges, mais en examinant cette question il est

essentiel de ne pas perdre de vue les deux considérations suivantes : Un grand nombre de vastes
entreprises, bien qu'aucun signe extérieur n'indique
qu'elles appartiennent à des Allemands, sont en réalité, soit complètement entre leurs mains, soit
exploitées plus ou moins sous leur direction occulte,
et échappent ainsi aux statistiques directes. D'autre
part, si le rôle que jouent les capitaux allemands dans
la vie industrielle russe n'est pas, en général, extra-
ordinairement grand, par contre, dans certaines
branches spéciales de l'industrie, il est non seulement important, mais réellement absolu. Toute une
série d'entreprises ont été monopolisées par les Allemands. Ils ont exercé, par exemple, un contrôle
indiscuté sur la fabrication des produits chimiques
dans différentes régions de Russie, sur la clouterie,
les constructions mécaniques, les industries textiles, etc. Il est superflu de parler de l'activité spéciale des Allemands dans la fabrication de la bière et
dans l'industrie électrique. Cette dernière offre même
un exemple caractéristique de la façon dont les Allemands opèrent sur les marchés étrangers. Lorsque
l'on étudie de près la constitution de certaines
sociétés « russes » pour l'industrie électrique et la
nature de leur activité, on s'aperçoit qu'elles sont
toutes en réalité des filiales de maisons allemandes
bien connues qui ont pénétré en Russie, soit directement, soit par des voies détournées en se plaçant
sous le pavillon de la France ou de la Belgique, qui

sont aujourd'hui les ennemies de l'Allemagne. Et dans ce genre d'affaires aussi bien qu'en d'autres entreprises industrielles, les Allemands se servent de leurs capitaux pour échapper aux droits d'entrée et assurer un débouché à leurs marchandises. Contrairement au système anglais, ils importent leurs capitaux, non pas sous la forme impersonnelle, mais au contraire avec leurs représentants et leur agents, qui couvrent le pays entier d'un réseau serré, et servent de leur mieux les intérêts nationaux de l'Allemagne. C'est une attaque méthodique et énergique, opérée suivant les règles de la stratégie, et qui a obtenu jusqu'ici les plus francs succès.

Comment expliquer le rapide développement des relations commerciales entre l'Allemagne et la Russie? Il est incontestable que ce développement est dû en grande partie à la connaissance par les Allemands du marché russe, des usages commerciaux, des goûts et des habitudes des consommateurs ; à la concession de conditions de crédit convenables ; à l'énergie et à la persistance qu'ils ont montrées dans l'obtention des résultats qu'ils visaient, qualités que nul ne déniera aux commerçants allemands. Toutefois, parmi les causes de ces succès, il en est une dont l'importance est loin d'être négligeable : c'est le bon marché bien connu des articles allemands, qui sont accessibles à une nombreuse clientèle s'inquiétant moins de la qualité que du prix. Les Allemands ont été également aidés par une publicité rarement consciencieuse, mais toujours impudente et ostentatoire. Enfin, il convient de faire entrer en ligne de compte la proximité géographique des deux pays, ainsi que la commodité et les bas prix des moyens de transport par terre et par eau.

Les Anglais sont les seuls en Europe à posséder une industrie et des articles capables de déloger et de remplacer les marchandises allemandes. La nécessité de développer le commerce anglo-russe est démontrée, et l'on voit s'accroître le nombre de ceux qui sont intéressés à favoriser l'extension des relations commerciales. Ils sont groupés autour de la Section russe de la Chambre de Commerce de Londres et de la Chambre de Commerce anglo-russe de Petrograd. Ces deux organisations ont pour tâche de développer et de régulariser les liens économiques qui unissent la Grande-Bretagne et la Russie. Beaucoup d'améliorations pratiques ont été réalisées récemment, tant par les deux Chambres de Commerce précitées que par des entreprises commerciales particulières, dans le sens d'un rapprochement économique des deux pays, mais il reste encore bien davantage à faire. Une occasion merveilleuse est offerte à notre pays par le marché russe. Le public russe, notamment les milieux commerciaux et industriels, suivent avec le plus vif intérêt tout ce qui est entrepris à cet égard par les Anglais, dont la voix est plus écoutée en Russie que partout ailleurs. De leur côté, les Anglais sont intéressés à ce qui se fait en

Russie. Cet intérêt mutuel, il est superflu de le souligner, n'a rien d'une rivalité ou d'une compétition. Chacun sait que l'Angleterre industrielle et la Russie, riche par son agriculture et ses ressources végétales et minérales, n'ont jamais été rivales et ne peuvent pas le devenir dans l'arène économique. Elles suivent des voies différentes, qui leur ont été assignées par la nature et par l'histoire; mais, en même temps, ces voies convergent, car le destin a voulu que l'Angleterre, en luttant pour son propre bien-être, ait favorisé *eo ipso* le progrès économique de la Russie, laquelle, de son côté, en remplissant sa mission, a augmenté la puissance économique de son alliée.

COMMERCE BRITANNIQUE

A notre époque, un intérêt spécial s'attache à l'histoire de ces marchands anglais, « fidèles et loyaux », qui ont, les premiers, porté le bon renom et les cargaisons de l'Angleterre « dans l'Empire et les dominions du haut et puissant prince, notre frère et cousin Jean Basilivitch, empereur de toutes les Russies, Volodomir, grand-duc de Moscovie, etc. » La charte donnée à ces « Marchands de Russie, lors de la découverte dudit pays » par le roi Philippe et la reine Marie est un document délicieux et instructif. Il nous ramène, comme sur une sorte de tapis magique de l'esprit, non seulement aux hommes et aux coutumes du temps passé, mais à leurs manières de voir

et de penser, à l'atmosphère même dans laquelle ils
vivaient, circulaient et déroulaient leur existence.
Ceci se passait il y a quelque trois cents ans, — un
fugitif instant dans l'histoire de l'humanité sur cette
planète, — et, cependant, quelle énorme distance,
matérielle et spirituelle, sépare la vie paisible de ce
bon vieux temps de notre vie trépidante actuelle;
quelle profonde transformation ont subie nos vues
sur toutes les affaires de la vie ! Nous commençons à
nous apercevoir des effets de la loi de la vitesse, qui
affecte si visiblement le monde moderne dans toutes
les manifestations de son activité, lorsque nous
lisons dans ces chroniques comment « le roi Philippe
et la reine Marie ont octroyé leur charte de trafic et
découvertes à Sébastien Cabota et à ses compagnons,
(vingt-huit des personnes les plus sérieuses, discrètes
et honnêtes de ladite corporation et communauté
des Marchands-Aventuriers) ».

L'espace nous fait défaut pour reproduire ces documents, mais le lecteur pourra les trouver dans l'ouvrage intitulé : « Hakluyt's Voyages » (Les voyages
de Hakluyt). Ceux qui ont obtenu ces chartes étaient
plus que de simples pionniers du commerce. Dans
leurs écrits dénués d'artifices ils ont enchâssé d'impé-
rissables souvenirs de l'Angleterre à son époque la
meilleure et la plus glorieuse, élevant un monument
splendide au courage rude et à l'honnêteté qui ont
jeté les fondations de son empire mondial et de son
opulence. Pour cette raison, on ne saurait recom-

mander à tout Anglais de nos jours animé de l'esprit
d'entreprise de lecture plus profitable et plus appro-
priée que celle de ces chartes et de ces mémoires
des « Marchands-Aventuriers » du temps d'Elisabeth.

Si, de ces curieuses aventures commerciales remontant à trois siècles, nous passons à des temps plus
récents, nous constatons que dans la période précé-
dant immédiatement la guerre, la situation de la
marine marchande anglaise au point de vue du trafic avec la Russie était loin d'être satisfaisante. Il y
a un peu plus d'un quart de siècle, le pavillon britannique couvrait plus de la moitié du tonnage entrant
dans les ports russes, la proportion, en 1888, atteignant 55 p. 100. Aujourd'hui, notre part s'est abaissée à 35 p. 100. Dans la même période, le tonnage
allemand est passé de 9 1/2 p. 100 à 16 p. 100, alors
que celui de la Russie elle-même restait sensiblement
stationnaire. Nos transports maritimes reflètent
naturellement, dans une certaine mesure, les tendances générales de notre commerce avec la Russie ;
nos exportations pour ce pays n'ayant pas progressé
pendant la période que nous étudions, on ne pouvait
évidemment pas s'attendre à voir notre industrie
des transports par mer accuser une augmentation
notable. Il est difficile, même après une enquête
approfondie, d'attribuer à une cause particulière le
fait regrettable que, là où le pavillon britannique
était autrefois prédominant, il apparaît aujourd'hui
beaucoup moins fréquemment. Le déclin est surtout

remarquable dans la Baltique, car dans la mer Noire, d'après un rapport de notre Consul général à Odessa, notre part sur l'ensemble du tonnage de ce port est encore de 52 p. 100. Dans le nord, notre trafic maritime est demeuré stationnaire ou a décliné pendant de nombreuses années, tandis que les pavillons hollandais, danois et allemand ont connu un accroissement de tonnage constant. En 1898, le tonnage total transporté par la marine anglaise dans la mer Blanche et les ports arctiques était quadruple du tonnage allemand ; dix ans plus tard les Allemands nous avaient distancés. Nous transportions en 1898 deux fois plus de frêt que les Allemands à destination des ports de la Baltique ; dix ans après nos concurrents transportaient 17 1/2 p. 100 de plus que nous. A Vladivostock, nos transports maritimes n'accusent aucune augmentation récente, tandis que ceux de l'Allemagne ont fait des bonds énormes. Quelles que soient les raisons de ce déclin, la situation en présence de laquelle nous nous trouverons à la fin de la guerre sera tellement différente qu'il serait puéril de nous arrêter longuement à rechercher les différentes raisons qui ont contribué à faire baisser notre tonnage. Certaines compétences ont attribué ce déclin à l'esprit d'entreprise plus vif que possèdent les Allemands et au fait que les frêts scandinaves et hollandais sont plus réduits que les nôtres. Dans le nouvel ordre de choses qui suivra la fin des hostilités, il faut que les armateurs anglais soient prêts à s'assurer leur part du trafic russe. Le maintien et la protection de notre industrie des transports maritimes sont des questions d'un intérêt si vital, que la Grande-Bretagne ne pourrait pas supporter sans risques un nouveau déclin de son frêt dans les eaux russes, Baltique et mer Noire. Les questions que soulèvent nos propres insuffisances et la concurrence étrangère sont tellement compliquées, et, d'autre part, la position réelle des armateurs anglais et les perspectives qui leur sont offertes sont si difficiles à déterminer, que l'ensemble mérite de faire l'objet d'une enquête plus poussée que celles faites ordinairement par la voie consulaire.

MARINE MARCHANDE

Jusqu'à ces temps derniers, les conditions économiques générales de la Russie n'ont pas été favorables au développement de la marine marchande. Il y a peu de temps encore, l'énergie nationale était presque exclusivement dirigée vers l'agriculture. Il n'y avait aucune accumulation de capitaux disponibles. L'industrie était dans un état embryonnaire. Il était manifeste qu'il ne pouvait, dans ces conditions, exister aucune base pour le développement de l'industrie des transports maritimes.

En cette matière, la politique des gouvernements peut être classée d'après deux tendances différentes : elle peut avoir pour but, premièrement, de fortifier le caractère national de la marine marchande ; et, secondement, d'assurer à celle-ci une position plus ferme sur le marché du frêt en lui accordant des bénéfices préférentiels. La première législation russe relative à la nationalisation de la marine marchande était animée, à l'égard des étrangers, d'un esprit de tolérance qui allait jusqu'à permettre aux bateaux étrangers de hisser le pavillon russe dans les ports étrangers, afin de jouir de certains privilèges accordés par traités. La loi du 23 juin (vieux style) 1865 fut la première à apporter certaines restrictions au droit de propriété de bateaux russes par des étrangers. Toutefois, des dérogations importantes au principe fondamental furent si bien consenties en faveur des propriétaires en collectivité (sociétés anonymes, entreprises mercantiles, sociétés en nom collectif) que la portée de la loi se trouva réduite au minimum. Le résultat fut qu'il devint graduellement apparent que la loi de 1865 devait être amendée, ou remplacée par une nouvelle loi réservant exclusivement aux sujets russes le droit de hisser le pavillon national. Cette nouvelle loi fut, en effet, promulguée le 6 juin (vieux style) 1904. Aux termes de ses dispositions, le droit de naviguer sous pavillon russe était réservé aux sujets russes, ou aux entreprises en collectivité dont la totalité des membres seraient de nationalité russe. En ce qui concernait les sociétés par actions, il était prescrit que celles-ci devaient être nominatives et que les bureaux de ces sociétés devaient se

trouver en territoire russe. Malgré tout, il était évident que la loi ne produirait son plein effet au point
de vue du développement de la marine marchande
russe que si l'on prenait en même temps des mesures
de protection et d'encouragement.

Les règles imposées pour l'inscription dans les
ports russes des navires de haute mer sont intimement liées à la stipulation des conditions à remplir
pour avoir le droit de naviguer sous pavillon russe.
Ces règles ont été fixées tout d'abord par la loi de
1865 et sont demeurées en vigueur jusqu'à nos jours.
En substance, elles reviennent à ceci : la navigation
sous pavillon russe n'est autorisée que si le navire a
été l'objet d'une inscription dans l'un des ports
russes, et si le capitaine du navire a reçu le certificat
ou patente requis.

La nationalisation de la marine marchande a été
recherchée dans d'autres directions. On a d'abord
établi des règles pour les équipages, stipulant que
les officiers et les trois quarts de l'équipage de tout
bateau marchand russe doivent être sujets russes.
Mais la nationalisation ne pouvait être atteinte sans
organiser les écoles spéciales pour l'instruction des
marins. En 1867, un effort a été fait pour réformer
les écoles de navigation, qui étaient d'ailleurs peu
nombreuses et d'une action plutôt neutre. Le Gouvernement prit des mesures pour augmenter le
nombre de ces écoles et améliorer leur valeur technique. En même temps, les conditions de délivrance

des certificats furent réglementées. L'art de la navigation ayant fait d'énormes progrès depuis l'emploi
de la vapeur, il devint nécessaire de modifier la loi
de 1867, ce qui fut fait par les lois de 1902, 1905 et
1909. A l'heure actuelle, il existe en tout 45 écoles
navales, pour l'entretien desquelles le Trésor dépense
environ 1.250.000 francs chaque année.

Parmi les mesures d'encouragement prises en
faveur de la marine marchande nationale, l'une des
plus importantes a été la concession exclusive du
droit de cabotage aux navires battant pavillon russe.
En premier lieu, ce privilège n'était prévu que pour
le commerce entre les ports d'une seule et même mer,
le cabotage entre les ports russes de mers différentes restant ouvert à la compétition des pavillons
étrangers. Cette situation prit fin par la loi du
29 mai (vieux style) 1897 qui, à dater du 1er janvier
(vieux style) 1900 réservait au pavillon russe le droit
d'assurer tout le cabotage entre les ports quelconques
de l'Empire, à la seule exception du transport du sel
de la mer Noire et de la mer d'Azov à la Baltique.
Une exception temporaire fut également prévue pour
l'Extrême-Orient. Le Gouverneur général de la province de l'Amour avait, en effet, le droit d'autoriser
les étrangers à pratiquer le cabotage moyennant le
paiement d'une taxe spéciale. Cette exception est
actuellement supprimée. Une autre mesure prise en
vue de favoriser le développement de la marine marchande russe consistait dans le remboursement des

droits perçus pour la traversée du canal de Suez, aux steamers trafiquant entre les ports de la Russie d'Europe et ceux des Indes et de l'Océan Pacifique. Cette loi, promulguée en 1876, a cessé d'être valable en 1910. Un projet a été déposé à la Douma pour renouveler le privilège jusqu'en 1920. Celui-ci permet à la marine marchande russe de réaliser une économie annuelle d'environ 2.500.000 francs. Il s'applique sous la condition que le port de départ ou d'arrivée soit situé en Russie d'Europe. La troisième mesure de la série est l'entrée en franchise de droits des navires de construction étrangère. Cette mesure était entrée provisoirement en application en 1898 pour une période de dix années, mais sa validité a été étendue jusqu'au 1er janvier 1928. Restent maintenant les règlements relatifs aux dimensions des navires (1900). Autrefois, le tonnage net était calculé sur la base de la différence entre la capacité brute et l'espace occupé par les machines, les chaudières et les soutes à charbon. Actuellement, le jaugeage est calculé d'après les règles anglaises et le résultat est que les bateaux russes paient moins de droits de port qu'autrefois.

Il existe deux formes de subvention financière à la marine marchande : on peut, soit octroyer des subsides à certaines entreprises pour des services spéciaux, définis par contrats passés avec le Gouvernement, soit payer des primes à la navigation, c'est-à-dire, accorder ces primes à tous les vaisseaux remplissant certaines conditions, indépendamment de l'armement auquel ils appartiennent. La première forme de subvention est celle actuellement employée à l'égard de toute une série de services de navigation à vapeur. Depuis le 14 janvier 1913, une prime est payée par l'État pour tout navire marchand construit en métal dans un chantier quelconque de l'Empire russe et destiné au trafic d'outre-mer. Quant aux primes à la navigation, elles sont toujours en discussion et rien n'a encore été décidé à titre définitif.

Différant en cela des autres marines marchandes, la marine russe compte encore un grand nombre de voiliers. Ainsi, d'après une statistique arrêtée au 1er janvier 1914, il y avait à cette époque 1.044 vapeurs et 2.597 voiliers. Le tonnage net de la flotte à vapeur, malgré le petit nombre des bâtiments, atteignait 513.000 tonnes enregistrées, alors que celui de la flotte à voiles accusait 257.000 tonnes seulement. Il est nécessaire d'ajouter que, parallèlement à l'augmentation de la flotte à vapeur russe, il y a eu un accroissement du nombre des grandes compagnies de navigation, ce qui dénote une augmentation du capital engagé dans l'industrie russe des transports maritimes.

Comme conséquence de la faible importance de la flotte marchande russe et de la pénurie de grands bateaux, le rôle qu'elle joue dans le commerce extérieur des ports russes est insignifiant. On estime que 10 p. 100 seulement de la totalité du frêt en commerce extérieur reviennent aux bâtiments russes.

CHAPITRE III

ROUTES COMMERCIALES

Si l'on veut véritablement étendre les relations commerciales entre la Russie et le Royaume-Uni, il est indispensable d'améliorer grandement après la guerre les moyens d'échanges entre les deux pays.

Il existe de très intéressantes perspectives pour les lignes de navigation à vapeur, par lesquelles passera le gros du trafic international anglo-russe. Dès avant la guerre, des tentatives avaient été faites pour ouvrir au commerce de nouvelles routes directes. Comme il n'est guère probable que de nouvelles négociations soient engagées avant que l'on aperçoive la fin de la guerre, il est intéressant d'étudier quelques-unes des propositions qui avaient été mises en avant pour les services reliant l'Angleterre aux ports de la Baltique, de la Sibérie et de la mer Noire. Des services réguliers fonctionnent en ce moment entre l'Angleterre et la Russie *via* Raumo et Tornéa, et des départs fréquents ont lieu pour Arkhangel. Le gouvernement russe double la ligne d'Arkhangel et apporte des améliorations à ce port. On construit également un nouveau chemin de fer partant de Petrograd et aboutissant à un port libre de glaces de la côte Mourmane. Depuis la guerre, la route de la mer de Kara à l'Obi et à l'Iénisséi a également pris une plus grande importance.

On voit clairement dans quelle mesure la guerre affecte les intérêts économiques de la Russie, quand on fait l'analyse et la classification du commerce extérieur de la Russie. Ce commerce se chiffrait en 1912 par plus de 32.000.000 de tonnes d'une valeur de plus de 6.600 millions de francs. Sur cette somme, les exportations représentaient approximativement 3.950 millions de francs, et se décomposaient en produits alimentaires, matières premières et produits semi-manufacturés de l'agriculture russe, tandis que les importations d'articles divers et de produits d'industrie européens excédaient légèrement 2.650 millions de francs. Il y a lieu d'observer que 30 p. 100 environ des exportations allaient en Allemagne, et que plus de 40 p. 100 de l'importation totale provenaient de ce même pays. La totalité des échanges commerciaux avec l'Allemagne se faisait par les ports de la Baltique et les voies ferrées franchissant la frontière occidentale, qui sont actuellement fermées.

Si l'on considère le mouvement général du frêt à l'importation et à l'exportation, il faut noter qu'un empire aussi vaste que l'est la Russie est obligé, pour effectuer ses transports, d'avoir recours aux voies fluviales intérieures, dont les taxes sont très réduites, pour amener les chargements dans les ports servant de débouchés vers les pays d'outre-mer, tandis que seules les marchandises d'une certaine valeur sont acheminées par chemin de fer. On trouve la preuve de ce fait dans la prépondérance du frêt de la première catégorie sur la seconde. En 1912, il a été exporté de Russie par les ports de mer un total de 15.338.000 tonnes, alors que 7.658.000 tonnes seulement sont sorties par les frontières de terre. La même remarque s'applique aux importations : 6.805.000 tonnes ont été transportées par mer et 3.875.000 tonnes ont pris la voie terrestre. On voit donc que le tonnage des importations et des exportations par voie maritime est le double du tonnage transporté par voie de terre. En conséquence, les voies fluviales et maritimes jouent dans le commerce extérieur un rôle deux fois plus important que la voie ferrée. Parmi les ports russes, ceux de la mer d'Azov et de la mer Noire exportent annuellement 8.589.000 tonnes, c'est-à-dire plus de 50 p. 100 du total, et ceux de la Baltique 5.498.000 tonnes, alors que les ports de la mer Blanche, du Pacifique et de la Caspienne n'exportent ensemble que 1.411.000 tonnes, dont 1.200.000 de bois de charpente sortant par les ports de la mer Blanche. D'autre part, les produits étrangers arrivent pour la plus grande partie par les ports de la Baltique, la proportion étant de 5.718.000 tonnes sur un total importé de 6.805.000. La masse du trafic maritime international a lieu sous pavillon étranger. Sur un chiffre total de frêt de 22.142.000 tonnes, 10 p. 100 reviennent aux Russes, 35 p. 100 aux Anglais et 16 p. 100 aux Allemands, le reste étant transporté par des bâtiments norvégiens, suédois, danois, grecs, autrichiens et hollandais.

La fermeture des Dardanelles a arrêté les exportations russes par les ports de la mer Noire et de la mer d'Azov. Le reste des exportations et des importations a pris fin avec la suspension de la navigation dans la Baltique, à part une quantité peu importante qui a pu franchir par Arkhangel et Vladivostock. Il est aujourd'hui évident que la garantie du libre passage des navires marchands par les Dardanelles, loin d'être une ambition purement politique, est au contraire une nécessité d'Etat impérieuse. Les dernières années ont démontré péremptoirement que, par suite de la constante agitation qui existait en Orient, les Dardanelles ont été fermées pour des périodes indéterminées sur le simple caprice des autorités turques, de sorte que le trafic russe s'est trouvé arrêté au grand détriment des intérêts les plus vitaux de l'Empire. Les intérêts des autres pays qui reçoivent leurs produits alimentaires de Russie ont été également affectés, et la Russie à son tour, qui absorbait une grande quantité d'articles manufacturés, souffrait là encore de cette situation. Par suite, le libre passage des Dardanelles, qui peuvent être traversées à toute époque de l'année, est plus important pour la Russie que la route de la Baltique, qui est obstruée en hiver par les glaces. De plus, la Baltique pourrait être, sinon entièrement, du moins dans une large mesure, remplacée, au point de vue du trafic des marchandises, par la mer Blanche, à la condition que cette mer et les routes qui y aboutissent fussent convenablement aménagées, ou encore par un port libre de glaces situé sur la côte Mourmane et relié avec Petrograd par voie ferrée. Or, cette dernière est actuellement en cours de construction, comme nous le verrons plus loin. Si elle avait existé avant la guerre, et si les débouchés offerts par la mer Blanche avaient été améliorés, la Russie ne se trouverait pas maintenant isolée de ses Alliés et de ses amis.

Avant d'examiner les développements qui seront possibles après la guerre, il convient d'étudier les voies d'accès à la Russie et les facilités commerciales qui existaient avant la guerre ; de se rendre compte de ce que sont, avec les modifications imposées par la guerre, les routes russes offertes aux voyageurs et aux marchandises, et de considérer la situation faite à Arkhangel, à la nouvelle ligne de la côte Mourmane et à la route de la mer de Kara.

Il existe normalement un grand nombre de routes maritimes entre la Grande-Bretagne et les ports de la Russie septentrionale. Les cargos et les bateaux à passagers de la « United Shipping C° » partent de

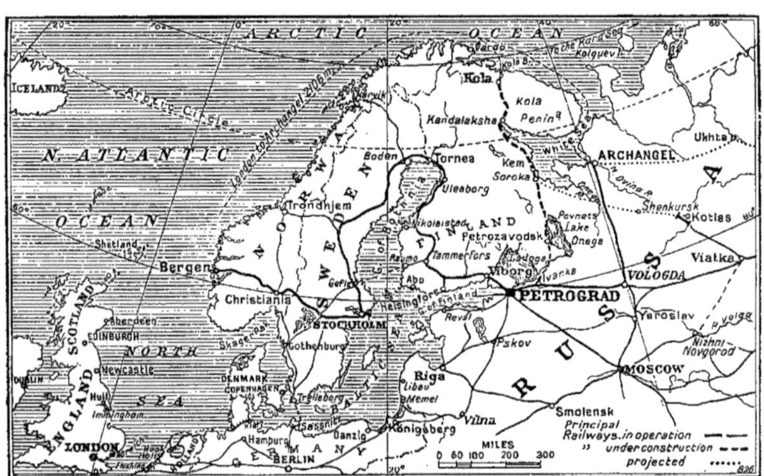

Routes maritimes septentrionales et route terrestre actuelle.

Londres chaque semaine, en été, à destination de Petrograd, *via* Kiel, et à destination de Riga en hiver, quand ce port est libre de glaces. Les vapeurs qui font ce service jaugent 2.000 tonnes et le prix du passage, aller et retour, est de 315 francs environ. Il y a aussi, pendant la saison d'été, des départs hebdomadaires pour Riga. Cette même Compagnie assure un service chaque semaine sur Libau, qui est un port pratiquement ouvert pendant tout l'hiver. De concert avec MM. Wilson, la « United Shipping C° » a encore organisé un service pour Reval ; cette route est ordinairement praticable en hiver. La « Finland Line » fait naviguer ses vapeurs toutes les semaines à destination des ports de Abo, Hango, Helsingfors, Kotka et Viborg. Hango est le port qui reste toujours libre en hiver. MM. Wilson ont organisé un service hebdomadaire, passagers et marchandises, de Hull à Petrograd. Les steamers jaugent aussi 2.000 tonnes et le prix de la traversée et retour, est de 315 francs environ. Les mêmes armateurs font partir chaque semaine un bateau de Hull pour Riga, et le service est assuré avec Libau, grâce à un accord passé avec la « Russian North-West Steamship Company ». Il y a également des services par cargos, généralement chaque semaine, sur Reval et Windau, ainsi que sur Abo et Helsingfors. Pendant la saison, la « Finland Line » exploite de son côté un service mensuel de cargos et de touristes pour Abo et les ports finlandais, au départ de Newcastle et de Middlesbrough.

MM. Nielson, Anderson et C⁰ ont un service hebdomadaire de cargos sur Libau, et MM. Wilson en ont un autre sur Petrograd et sur Riga, quand le tonnage est suffisant, et sur Reval en hiver: Il y a aussi, dans les mêmes conditions, des services de cargos de Liverpool, Manchester, Grimsby, Glasgow, Swansea, Leith et Bristol sur Petrograd et/ou Riga, et sur Reval en hiver.

Dès le début des hostilités, les différents ports de la Baltique ne furent plus accessibles au trafic britannique, en raison de la présence de cuirassés allemands dans cette mer. Les passagers et, dans une certaine mesure, les marchandises, durent emprunter la voie de terre *via* la Norvège et la Suède. De Bergen, on voyage par le beau chemin de fer de montagnes qui relie cette ville à Christiania, et de là on continue par rail jusqu'à Stockholm. Les femmes, les enfants, et les hommes ayant dépassé l'âge militaire, peuvent passer *via* Gèfle et Raumo, mais les hommes mobilisables et, d'une façon générale, les sujets anglais qui ne désirent pas rencontrer les croiseurs allemands, prennent l'itinéraire le plus long et font le tour du golfe de Botnie. Au commencement de la guerre, cette route n'était pas continue. Lorsqu'on traversait la Laponie pour se rendre à Boden, on avait le choix entre deux routes ; on pouvait, soit aller à Lulea sur la côte et continuer de là par steamer jusqu'à Haparanda, puis, par le bac à vapeur, jusqu'à Tornea, soit se rendre au terminus du chemin de fer à Karungi, d'où le voyage à Tornea se faisait par voiture ou par automobile. De Tornea l'on poursuivait sa route vers Petrograd à travers la Finlande. La petite gare suédoise de Karungi n'était naturellement pas aménagée pour manutentionner un trafic intense, et les facilités offertes par la voie de terre pour le transport des marchandises étaient absolument insuffisantes pour en écouler la masse arrivant en gare. Il en résulta un tel engorgement que plus de 500 wagons chargés se trouvèrent embouteillés dans les gares jalonnant la ligne, et cette situation obligea à prohiber temporairement le transport des marchandises à Tornea *via* Karungi. Plus tard, cependant, il redevint possible d'emprunter cette voie. Maintenant, une nouvelle ligne a été établie sur la rive orientale (Finlande) de la rivière Tornea, afin de relier avec Tornea la gare finlandaise de Karungi, située en face de la gare suédoise de la même localité. Cette ligne a été construite dans le court laps de temps de deux mois, malgré sa longueur de 27 kilomètres. La gare elle-même a été bâtie en cinq semaines. Une ligne suédoise a également été construite afin de relier Karungi et Haparanda. On délivre aujourd'hui des billets pour se rendre en voiture hippomobile de l'une à l'autre gare de Karungi et les voyageurs continuent leur route vers le Sud par la ligne finlandaise qui commence à ce point. La construction de cette ligne a provoqué un véritable exode de Tornea à Karungi, et une hausse considé-

rable sur les terrains avoisinant la gare. Une anima-
tion extraordinaire règne en ces lieux où l'on entend
parler à la fois anglais, français, russe, suédois et
finnois. La totalité du courrier en provenance de
l'Angleterre, de la France, du Danemark et des Pays
scandinaves, à destination de la Russie et de la Finlande est acheminée par cette voie. Trois tonnes de
courrier sont transmises chaque jour par la Suède à
la gare finlandaise de Karungi.

La route maritime la plus importante restée ouverte au trafic avec la Russie est celle d'Arkhangel ;
bien que le port soit pris par les glaces en hiver, on
est parvenu à le maintenir accessible pendant la plus
grande partie de la saison froide grâce au navire
brise-glace « *Canada* », d'une puissance de 7.000 HP.
Le nombre des bateaux brise-glace a été récemment
augmenté dans ce port.

La route de la mer Blanche a joué un rôle fort
important dans le commerce russe depuis le début
du xvie siècle, lorsque pour la première fois, en 1553,
un navire marchand anglais, sous le commandement
du capitaine Chancellor, pénétra dans l'embouchure
de la Dvina. Jusqu'à la fin du xviie siècle, le port
d'Arkhangel est demeuré pour la Russie la seule
fenêtre ouverte sur l'Europe et tout le trafic trans-
océanique y passait. Pierre le Grand y établit un
chantier de constructions navales et envoya à
l'étranger des vaisseaux du Gouvernement chargés
de marchandises variées. Mais, à partir du moment

où il entreprit la construction de Petrograd, il commença à entraver la prospérité d'Arkhangel et, par les mesures qu'il prit ensuite pour arrêter son commerce et encourager les exportations *via* Petrograd, Arkhangel et la mer Blanche perdirent peu à peu de leur importance au point de vue du commerce international. La seule chose qui ait été faite pour l'aménagement de ce port a été la construction, à la fin du siècle dernier, des lignes ferrées du Nord, rendues nécessaires par l'accroissement rapide de la production agricole de la Russie et de la Sibérie. La voie étroite Moscou-Vologda-Arkhangel relia cette dernière ville au bassin de la Volga et aux centres industriels de la Russie, tandis que la ligne Perm-Kotlas ouvrait par Arkhangel une route à l'exportation des céréales de Sibérie. Mais on n'avait pas donné à ces voies ferrées assez de développement, et elles furent insuffisantes pour transporter les produits volumineux et de peu de valeur. Néanmoins, quand ce port mal outillé fut appelé à recevoir l'immense frêt échangé entre la Russie et la Grande-Bretagne, un tonnage supérieur à celui d'une année entière en temps normal fut transporté en six semaines ou deux mois sans efforts particuliers. Le transport de ces marchandises à l'intérieur du pays, dans les deux sens, a été restreint par la capacité limitée du chemin de fer, qui ne pouvait pas être augmentée en un clin d'œil, pas plus d'ailleurs qu'il n'était possible de donner rapidement une voie normale à la ligne elle-même.

Les difficultés que l'on rencontrait pour accéder en hiver au port d'Arkhangel firent naître l'idée de construire un chemin de fer aboutissant à un port libre de glaces sur l'Océan Arctique (chemin de fer de la côte Mourmane). Vers la fin de 1914, des études furent entreprises pour la construction d'un chemin de fer partant de Kem et aboutissant à la côte Mourmane. Le Ministère des Voies de Communications organisa immédiatement les travaux préliminaires et centralisa toutes les enquêtes ouvertes, pour élucider complètement cette question. M. l'ingénieur Yemelianov fit en 1914 un plan détaillé de la ligne, d'une part, en s'aidant des instruments d'usage, d'autre part, en s'appuyant sur des observations barométriques. L'examen des éléments d'information recueillis permirent de conclure à la possibilité de construire le chemin de fer de Kola sans grandes difficultés, malgré les conditions ardues créées par le fait que le pays est peu peuplé et couvert d'une quantité énorme de marais, de lacs et de forêts.

Sur la côte de l'Océan Arctique, très loin au milieu des marais et des forêts vierges, de l'autre côté du cercle arctique, se trouve un petit golfe. On l'appelle le port Katarina (Catherine). Il est situé presque à la frontière de la Norvège. Mais les eaux de la baie ne gèlent jamais, grâce à la bienfaisante influence du Gulf Stream. Ce fut sur ce point particulier qu'est le Port Catherine que se fixa le regard des ingénieurs russes lorsqu'il leur fut demandé de trouver pour la Russie un débouché sur la mer libre.

Petrozavodsk, sur le lac Onéga, capitale de la province d'Olonets, a été choisi comme gare initiale de la nouvelle ligne de chemin de fer remontant du sud vers le nord. Cette gare est, en outre, reliée avec Petrograd par le chemin de fer d'Olonets, dont la construction sera bientôt achevée. La ligne sud-nord partant de Petrozavodsk atteint d'abord l'extrémité septentrionale du lac Onéga et se prolonge ensuite entre deux grands lacs. La ligne parvient aux rives de la mer Blanche, à la baie de Soroka, et, s'infléchissant alors légèrement vers le nord-ouest, elle traverse le centre administratif et industriel le plus important de tout le district, la ville de Kem, au milieu de la baie d'Onéga, ou, suivant le nom local, « Lip » (Guba). Là se termine la première section de la nouvelle ligne. La seconde section est construite à travers un véritable archipel de petits lacs, au milieu de tourbières, de marais et de forêts vierges de pins. Elle aboutit à Kandalaksha, importante agglomération d'habitations de pêcheurs située entre la mer et le grand lac Imandra, le long des rives de la Niva au cours rapide. A partir de Kandalaksha, la nouvelle route coupe la vaste péninsule de Kola dont la partie septentrionale, appelée côte Mourmane, est baignée par les eaux froides de l'Océan Arctique. C'est la troisième section, et comme le nouveau chemin de fer doit atteindre la côte Mourmane, à la hau-

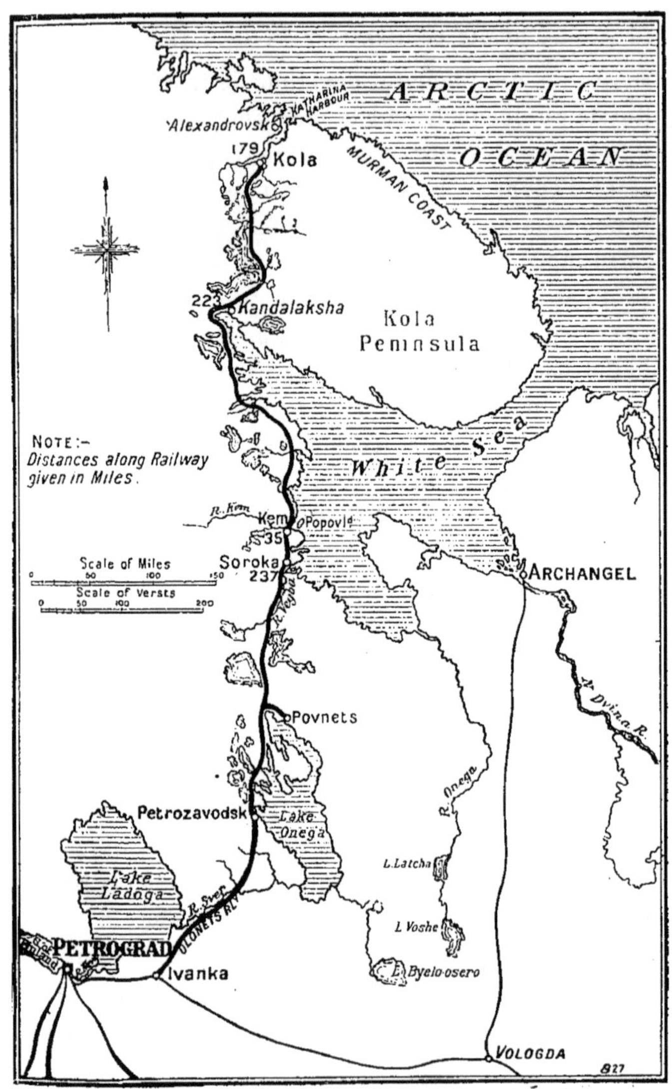

Le chemin de fer de la côte Mourmane.

teur de la petite ville de Kola, on l'appelle le chemin de fer de la côte Mourmane. Cette petite localité de Kola est pour le moment le point terminus de la nouvelle ligne. En raison de cette circonstance que le Port Catherine, au fond duquel elle est située, est libre de glaces, et que la profondeur à cet endroit, tant de la baie elle-même que de l'embouchure de la rivière Kola, est amplement suffisante, ce point retiré peut être converti en un spacieux « emporium » où les bateaux viendront se décharger de la masse de leur fret destiné à la Russie Centrale, et dont le chemin de fer d'Arkhangel ne peut assurer l'écoulement avec assez de rapidité.

Lorsque tout sera fini, lorsque la première locomotive sifflera sur les côtes de l'Océan Arctique, la Russie aura le droit de dire qu'elle a, une fois de plus, accompli un travail de Titans. Elle appréciera alors pleinement la volonté de fer, les connaissances solides et l'énergie indomptable du principal constructeur du chemin de fer de la côte Mourmane, l'ingénieur V. Goriachkovsky, et de ses collaborateurs, petits et grands.

Si telle est la situation des routes par Arkhangel et la mer Blanche, la route septentrionale de l'Europe aux bouches des rivières de Sibérie, l'Obi et l'Iénisséi, se trouve beaucoup moins bien partagée. Dans les temps reculés, bien avant le voyage de Chancellor, c'est par cette voie que passait le trafic échangé entre les côtes du nord de la Russie et la

Sibérie. Mais, par suite de la politique douanière de la Russie et de l'interdiction faite aux étrangers, au début du xviie siècle, de naviguer par cétte voie, par crainte de les voir s'emparer de ces régions riches en fourrures, elle fut abandonnée et tomba entièrement dans l'oubli. Ce n'est qu'en 1874-75, 250 ans plus tard, qu'elle fut rouverte par le capitaine anglais bien connu Wiggins et le professeur suédois Nordenskiold. Au cours des nombreuses croisières commerciales qu'il entreprit par l'Océan Arctique aux bouches de l'Iénissei et de l'Obi, le capitaine Wiggins ne fut pas une seule fois arrêté par les glaces ni par d'autres obstacles, et cette constatation a fortifié grandement l'opinion qu'il serait possible d'utiliser cette route pour des buts commerciaux. Cette voie, qui longe les côtes désertiques septentrionales, n'étant pas du tout aménagée, des concessions douanières ont été accordées, vers 1870, à plusieurs catégories de marchandises étrangères importées en Sibérie *via* la mer de Kara, et cette mesure a permis à la navigation de se développer et de se régulariser. Toutefois, sur la pétition d'un groupe de manufacturiers moscovites, ces concessions furent abrogées vers 1900 et la navigation cessa de nouveau. Ce résultat n'a d'ailleurs rien qui puisse surprendre. Cette route est encore en son état primitif et telle que la nature l'a créée. Elle est dépourvue de points de repère, de phares et de points de débarquement; il n'existe pas de cartes marines indiquant les passages praticables à l'embouchure des rivières et dans le cours même de celles-ci. Toutes ces circonstances, et le fait que, certaines années, les bâtiments sont contraints de naviguer parmi les glaces, concourent à maintenir à un niveau élevé le taux des assurances sur les bateaux et sur les cargaisons. Il s'ensuit que l'imposition, aux marchandises étrangères importées par cette route vers les bouches de l'Obi et de l'Iénisséi, de droits de douane égaux à ceux frappant les articles importés par les ports de la Baltique et de la mer Noire, a affecté très défavorablement le développement de la route septentrionale. On ne pouvait guère s'attendre à ce que des bateaux n'apportant pas de marchandises d'importation, se rendissent en Sibérie simplement pour y charger des produits sibériens, volumineux et de peu de valeur, dont la vente ne pouvait couvrir les frais d'une double traversée.

Ce n'est que dans les deux ou trois dernières années que l'attention du Gouvernement et de la Douma a été attirée sur cette route. Le Ministère des Voies de Communications et le Département Naval s'occupèrent de l'organiser. Des postes de télégraphie sans fil ont été installés le long des côtes de la mer de Kara, et une compagnie privée anglo-russo-norvégienne a pu assurer son service grâce à la garantie du frêt de plusieurs lignes de chemins de fer. En 1913, cette compagnie a organisé, avec le concours du professeur Nansen, une excursion aux bouches de

l'Iénisséi avec le steamer « *Correct* ». Le « *Correct* »,
commandé par un jeune et entreprenant Scandinave,
le Dr Jonas Lied, effectua le voyage avec succès, et
ramena une cargaison de produits sibériens qui furent déchargés aux docks d'Immingham. En 1914,
une expédition beaucoup plus importante partit pour
la mer de Kara. Elle comptait deux grands vapeurs,
le « *Ragna* » et le « *Skule* », portant une pleine cargaison, quatre puissants vapeurs à faible tirant d'eau
pour la navigation en rivière et deux grandes bar-
ques. Cette expédition a démontré qu'il était possible de faire le voyage aux bouches de l'Obi, non
seulement avec de gros cargos à vapeur, mais aussi
avec de petits bâtiments fluviaux. La traversée a
été refaite l'année dernière par le « *Haugastoel* », de
3.100 tonnes, et par l' « *Eden* », de 2.000 tonnes, qui
ont débarqué, à leur retour à Grimsby, pour près de
9 millions de francs de produits sibériens : beurre,
chanvre, lin, etc...

La question de l'organisation et de l'amélioration
de cette route septentrionale vers la Sibérie par la
mer de Kara exige une décision favorable et rapide.
Rien qu'au cours des six ou sept dernières années,
trois millions de paysans ont émigré en Sibérie.
Ces colons produisent exclusivement des denrées
agricoles, mais comme il n'y a pas d'industrie
locale, ils ne possèdent pas d'écoulement sur un
marché du pays et, d'un autre côté, l'exportation à
l'étranger est gênée par la nécessité de transporter

les marchandises sur un long parcours par rail. Le
simple transport des céréales depuis la Sibérie Centrale et le bassin de l'Iénisséi jusqu'aux ports de la
Baltique, soit une distance d'environ 4.400 kilomètres, coûte plus cher que les produits eux-mêmes.
Dans ces conditions, le prix du blé dans les bonnes
années tombe fort bas en Sibérie et l'agriculture devient une occupation peu rémunératrice. Au cours
de ces dernières années, des dizaines de milliers de
tonnes sont demeurées invendues et la Sibérie commence à être congestionnée par la surproduction
agricole. La colonisation de ces énormes provinces
se heurte maintenant à de sérieuses difficultés. Il est
absolument indispensable de créer à tout prix une
route maritime directe et économique vers les marchés étrangers. Il faut aussi développer en Sibérie
même des entreprises industrielles susceptibles d'ab-
sorber le surplus de la production. Les richesses
les plus variées sont éparses dans les bassins de
l'Iénisséi et de l'Obi, dont les eaux navigables
remontent jusqu'aux confins de la Mongolie. On
trouve à profusion dans ces rivières des poissons de
toutes espèces, par exemple, des esturgeons, des
saumons et autres salmonides : *omul*, *myksun* et
nelma. Sur les deux rives de ces fleuves s'étendent
d'immenses forêts de grande valeur, dans la profondeur desquelles on a découvert de nombreux minéraux, comme l'or, le cuivre, le fer, le graphite et la
houille. Le sous-sol est très peu exploité et ne four-

nit jusqu'à présent aucun revenu ni à l'État ni à la
population. Pour utiliser ces richesses minières, il
faudrait de nombreux capitaux et les machines les
plus modernes. La mise en état de la route de la mer
de Kara exigera beaucoup de temps et, dans l'intervalle, les primes d'assurance sur cette route se
maintiendront à un taux élevé. La traversée même
nécessitera beaucoup de dépenses accessoires. Par
suite, l'application, à l'importation des marchandises
étrangères, des mêmes tarifs de douane en vigueur
pour la Baltique et la mer Noire est une mesure pré-
maturée et injustifiable qui détermine la restriction
du trafic maritime. Il faudrait que fussent abrogés
les droits de douane russes pour les importations par
la mer de Kara. Il conviendrait, en effet, d'attirer à
cette route les initiatives et les capitaux, aussi bien
de la Russie que de l'étranger.

On a discuté sur le point de savoir si, à la fin de
la guerre, la Russie pourrait se servir d'un port libre
de glaces sur la Baltique pour en faire le point de
départ de nouvelles lignes de navigation, soit avec
Londres, soit avec les ports de la côte orientale d'Angleterre. Le port de Harwich et l'embouchure de la
Humber offriraient, à cet égard, toutes facilités d'installation pour un service de ce genre. Harwich est
déjà la tête de ligne d'un important trafic avec le
Danemark, et les récents agrandissements exécutés
à Parkeston par le « Great Eastern Railway » devraient permettre de considérer ce port comme le

plus favorablement situé pour devenir le point d'attache des nouveaux services directs avec la Russie. Il existe déjà un service bi-hebdomadaire pour Gothembourg, et l'on étudie la création d'un service plus fréquent et plus rapide qui fonctionnera toute l'année. Sur la Humber, en plus de Hull et de Grimsby, se trouve aussi le nouveau port d'Immingham, qui appartient au « Great Central Railway », et cette compagnie de chemins de fer coopérera probablement au développement du trafic avec la Russie. Un projet est aussi à l'étude pour organiser un service rapide quotidien entre Immingham et la Suède. S'il venait à se réaliser, les relations avec la Russie, *via* la Finlande, se trouveraient beaucoup améliorées pour les voyageurs, et pour telles marchandises qui exigent un transport rapide. Il est toutefois hors de doute que, pour des causes naturelles, les voyageurs continueront à passer en grande partie à travers l'Allemagne, par la voie Harwich-Hook van Holland, par Flessingue ou par d'autres routes.

Si l'on tient compte des conditions du trafic de la mer Noire, — et la nécessité s'impose d'une amélioration des voies de communication avec le sud de la Russie, — la situation apparaît ici liée avec l'internationalisation des Dardanelles après la guerre. Si celle-ci était réalisée, elle aurait une immense répercussion sur le trafic avec Odessa.

Ce que nous venons d'exposer constitue une étude nécessairement brève des voies que pourra suivre le

trafic entre l'Angleterre et la Russie. L'inauguration
de ces nouveaux services serait probablement largement laissée aux mains des Russes. Tout au moins,
les navires participant à ces transports navigueraient
sous pavillon russe, quels que soient d'ailleurs les
arrangements qui interviendraient sur les lignes
internationales en vue de l'apport des capitaux nécessaires. Une chose toutefois est certaine : c'est que,
quelle que soit la façon dont les services dont il s'agit
seront créés, les intérêts des deux nations exigent
que de nouvelles relations de trafic soient nouées
entre elles le plus tôt possible.

CHAPITRE IV

TARIFS. CHAMBRES DE COMMERCE
LA LANGUE RUSSE

Bien que nous ayons déjà conclu, il y a déjà plus de cinquante ans, un traité de commerce avec la Russie, l'effet pratique de ce traité n'excède pas la portée de la clause de la nation la plus favorisée. Comme pays libre-échangiste, nous n'avions rien à offrir à un pays protectionniste comme la Russie, et nos affaires avec celle-ci ont été subordonnées aux conditions plus favorables obtenues par d'autres pays protectionnistes et notamment par l'Allemagne. Le traité de commerce russo-allemand conclu après la guerre avec le Japon était notoirement destiné à favoriser certaines branches spéciales de l'industrie allemande, au détriment d'autres importateurs étrangers et du commerce national d'exportation. Le tarif de douane établi à cette époque au profit du commerce allemand était automatiquement appliqué aux marchandises anglaises, en vertu de la clause de la nation la plus favorisée. Nous jouissions ainsi du bénéfice du tarif conventionnel, mais sans jamais être à égalité avec les Allemands, parce que les négociateurs de Berlin avaient eu soin d'assurer les droits les plus réduits à leurs spécialités d'articles manufacturés destinés au marché russe. La Russie a également signé des tarifs conventionnels avec d'autres pays protectionnistes, y compris la France, l'Italie et le Portugal, mais ces tarifs affectent principalement les vins, l'huile d'olives, les fruits et d'autres denrées de même espèce, qui n'ont pas de relation étroite avec le genre de commerce que nous faisons avec la Russie.

Le traité de commerce russo-américain a été dénoncé avant la guerre, sous la pression exercée à Washington par l'influence juive, et il est hors de doute que cette mesure a causé un certain préjudice aux intérêts du commerce américain en Russie. Toutefois, les pertes n'ont eu nécessairement qu'une portée réduite, car les transactions des deux pays restaient confinées à quelques articles, principalement aux instruments agricoles et au coton d'Amérique, à la laine brute et aux peaux de Russie. Plusieurs constructeurs américains de machines agricoles avaient fondé des succursales en Russie, et ne pouvaient donc être touchés par la dénonciation du traité. Du reste, une circonstance, qui a échappé à l'attention générale, a remédié dans une très large mesure à l'absence de traité. Presque immédiatement après la dénonciation de celui-ci, les deux Gouvernements décidèrent de s'accorder réciproquement le bénéfice de la clause de la nation la plus favorisée. Il s'ensuit que les Etats-Unis jouissaient avant la guerre du tarif conventionnel russo-allemand.

La disparition de ce tarif conventionnel qui était, comme nous l'avons dit ci-dessus, le seul régulateur de notre commerce d'exportation en Russie, nous a réduits *ipso facto* au tarif général, toujours moins avantageux que le tarif conventionnel. Malgré le sincère désir du Gouvernement russe de favoriser le commerce anglais, il n'a pas été possible de nous accorder le bénéfice d'un tarif conventionnel ou, en d'autres termes, une réduction des droits fixés en tarif général. Il aurait fallu, en effet, pour cela, conclure, soit directement avec nous, soit avec un autre pays, un traité spécial dont nous aurions profité moyennant la clause de la nation la plus favorisée. Les Etats-Unis se trouvaient être le seul pays, trafiquant avec des produits manufacturés, qui fût en mesure de négocier un traité commercial avec la Russie. En tant que pays protectionniste, les Etats-Unis pouvaient plus aisément conclure un traité de ce genre, pour cette simple raison qu'ils étaient en situation d'offrir à la Russie des privilèges compensateurs.

Parmi les hommes d'affaires du Royaume-Uni se fait jour un sentiment d'après lequel l'aide financière que nous avons pu étendre à nos Alliés devrait être regardée comme constituant, à titre de réciprocité, un privilège compensateur justifiant une réduction des droits de douane frappant les marchandises anglaises. Lors de sa visite à Londres, le ministre des Finances a assuré l'année dernière que la Russie ferait tout pour encourager le commerce britannique. Ces assurances ont été interprétées par certains comme un engagement dans le sens ci-dessus indiqué. Il est certain que la coopération du marché financier anglais sera mise en balance, quand le moment viendra de placer nos relations commerciales sur la base d'un traité. Mais la conclusion d'un traité est une opération extrèmement compliquée. Du reste, il faut se rappeler que la Russie ne saurait nous accorder par traité des privilèges préférentiels commerciaux sur une autre nation non belligérante qui bénéficie de la clause de la nation la plus favorisée. Il faudrait, pour qu'elle pût nous accorder un traitement préférentiel, que la Russie dénonçât préalablement tous ses autres traités de commerce, ce qui est une impossibilité manifeste.

Dans l'intérêt de notre commerce avec la Russie, il nous appartient de prendre en due considération les faits exposés ci-dessus, pour que nous puissions nous préparer dans la plénitude du temps à discuter les termes d'un nouveau traité de commerce avec ce pays. La guerre actuelle est, avant tout, une guerre industrielle. C'est l'usinier et l'ouvrier qui nous donnent le moyen d'équiper et de ravitailler en munitions les armées modernes. L'industrie allemande, comme l'organisation militaire allemande, a été fondée sur une politique agressive qui a conduit l'Empire à la guerre. L'industrie allemande doit supporter les conséquences de la défaite. Après la guerre, l'Angleterre libre-échangiste ne devra pas admettre les marchandises allemandes sur un pied d'égalité avec les marchandises des pays neutres ou alliés. De même, la Russie protectionniste ne devra pas étendre à l'Allemagne le bénéfice de la clause de la nation la plus favorisée.

CHAMBRES DE COMMERCE

L'un des liens les plus importants qui unissent deux pays est nécessairement formé par les arrangements conclus entre les Chambres de Commerce. Il est donc opportun de citer ce qui a été fait par la Chambre de Commerce anglo-russe de Petrograd, et par la Section russe de la Chambre de Commerce de Londres.

La Chambre de Commerce anglo-russe, fondée en 1908, a été la première institution de ce genre en Russie. Antérieurement, on ne trouve trace d'aucune tentative pour organiser le commerce de la Russie avec l'étranger. Les comités financiers et les organisations de manufacturiers qui s'étaient développés sur toute l'étendue du territoire prouvaient assez clairement que la Russie était sortie du stade rudimentaire de l'agriculture. La formation, en

1905, d'un Ministère spécial du Commerce et de l'Industrie, a été une reconnaissance tardive des nécessités économiques du pays. Il était réservé à l'initiative privée de démontrer aussitôt après que le trafic de la Russie avec l'étranger demandait aussi une organisation nationale.

Les pionniers de ce mouvement furent deux Anglais : MM. D. J. Morgan (actuellement président de la Section russe de la Chambre de Commerce de Londres) et H. S. King, négociant établi à Petrograd. Ils conçurent le projet de fonder la Chambre de Commerce anglo-russe. Cependant le mérite de la réalisation de leur plan revient pour la plus grande part à M. Basile de Timiriazev, alors ministre du Commerce et de l'Industrie. Primitivement créée pour donner une portée pratique aux cordiales relations politiques qui s'étaient nouées entre la Russie et le Royaume-Uni, son influence s'est étendue d'une façon générale au commerce extérieur de la Russie.

La Section russe de la Chambre de Commerce de Londres a été organisée la même année. Elle compte une forte proportion des corporations, et des firmes financières et commerciales de Londres, soit anglaises, soit russes, qui ont quelque importance, et qui sont intéressées au trafic entre les deux pays. Les travaux accomplis dans les années écoulées ont mis les organes dont il s'agit en mesure de faire face à la situation nouvelle créée par la guerre, dans des conditions qu'il aurait été manifestement impossible de réaliser sans une longue période de préparation.

La Section russe de la Chambre de Commerce de Londres dispose non seulement des larges ressources de cette institution, mais aussi des services du Département spécial de la Statistique et des Renseignements de la Chambre, avec sa riche bibliothèque commerciale. Ce Département a, depuis plusieurs années déjà, mis en relations d'affaires les acheteurs russes et les vendeurs anglais, ou *vice versa*, mais, naturellement, depuis la déclaration de guerre, ce travail a été beaucoup étendu. Le Département donne des informations complètes sur les produits que l'on peut se procurer dans chaque pays, et sur les manufacturiers et les commerçants qui s'occupent des articles en cause.

LA LANGUE RUSSE

L'un des résultats les plus satisfaisants de l'intérêt porté en Angleterre aux affaires russes est le désir croissant d'apprendre la langue russe. Il a été reconnu que si nous voulons prendre, après la guerre, une large part dans le commerce de la Russie, si nous voulons faire un sérieux effort pour travailler directement avec les Russes, au lieu de passer par l'intermédiaire des Allemands, il est indispensable que nous nous efforcions d'acquérir la connaissance de la langue russe. Jusqu'ici, ceux qui avaient des relations avec la Russie se contentaient de se fier à la facilité avec laquelle les Russes apprennent l'anglais, ou de compter sur le concours d'un tiers, souvent un Allemand, pour les aider à se tirer d'embarras. Sans considérer la question de savoir s'il est même courtois de compter sur les Russes pour apprendre l'anglais afin de traiter avec nous, ou s'il est toujours désirable de se fier à un interprète, il faut se dire que si nous voulons développer le commerce entre les deux pays, si nous voulons envoyer utilement des agents et des commis-voyageurs dans l'intérieur et jusque dans les parties les plus reculées de la Russie, où portera la masse des transactions futures, nous devons faire un effort pour vaincre notre inertie et nos préjugés, et apprendre le russe.

Au moment actuel, l'étude du russe est importante, non seulement pour augmenter nos connaissances sur le pays même, mais principalement pour développer notre commerce, et c'est là une raison qui, sans aucun doute, ne paraîtra pas moins stimulante. C'est en apprenant le russe que les Allemands se sont rendus maîtres du marché russe; il nous appartient maintenant de prendre leur place. Il est inutile de prétendre que la connaissance du russe n'est pas nécessaire, qu'il suffit de savoir un peu de français ou un peu d'allemand, ou que tous les Russes parlent quelque autre langue en même temps que la leur. Ce sont là des illusions.

Pour ce qui concerne l'enseignement actuel du russe en Angleterre, nous parlerons d'abord de ce qui se fait dans nos universités. L'œuvre la plus importante réalisée à cet égard est sans conteste celle de l'Université de Liverpool, où il existe une école spéciale d'études russes fondée avec la coopération de l'Université et de la Chambre de Commerce de Liverpool. Le personnel enseignant se compose d'un professeur d'histoire russe, d'agrégés chargés d'approfondir les questions ethnographiques, économiques, et de l'étude de l'histoire et de la littérature slavonnes occidentales; enfin, d'un assistant chargé d'une chaire de langue russe. Un enseignement élémentaire de la langue et de la littérature est donné à l'École supérieure de Commerce de Liverpool. A l'Université, les étudiants peuvent obtenir leurs diplômes ès-arts, ou bien choisir le russe comme matière spéciale pour obtenir, soit leur brevet commercial, soit un titre universitaire élémentaire ès-arts. Il existe aussi une organisation pour l'obtention de bourses de voyages en Russie, car l'on considère comme essentiel le contact personnel avec le peuple russe. L'Ecole envoie des étudiants sortant des universités anglaises pour occuper des postes dans l'enseignement en Russie. Il y a un certain nombre de traducteurs travaillant pour l'Ecole et de professeurs de russe recommandés par elle. L'Ecole possède une bibliothèque de 4.000 volumes. Elle publie la « Russian Review » (Revue russe), qui paraît trimestriellement et publie des articles des meilleurs écrivains russes sur l'histoire, les sciences politiques et économiques et la littérature.

A Oxford, une chaire de russe existe depuis longtemps et le nombre des auditeurs s'accroît constamment. Des cours ont été organisés pour répondre à tous les besoins possibles des élèves. Le professeur donne son enseignement sur la langue écrite et parlée, la grammaire et la littérature. Il est possible d'opter pour le russe à l'Ecole supérieure des Langues Modernes, et, à cet effet, des cours spéciaux ont été institués, non seulement sur l'histoire de la langue russe, mais aussi pour l'ensemble de l'histoire littéraire, sociale et politique de la Russie. Il y a une excellente bibliothèque de livres russes à l'Institut Taylor et à l'Institut Bodleian, mais, à côté de celles-ci, Oxford possède une bibliothèque de livres russes et slavons de beaucoup la plus riche et la plus complète du Royaume-Uni. C'est la bibliothèque de feu le professeur Morfill, qui contient près de 10.000 volumes et se trouve au Collège de la Reine.

L'intérêt pour les langues slaves ne s'est développé que tardivement à Cambridge, et c'est seulement en 1895 qu'un chargé de cours a été nommé pour les langues slaves. Cette nomination a été faite en vue d'assurer l'enseignement des étudiants interprètes que le Gouvernement avait décidé à cette époque d'envoyer à Cambridge pour faire leur stage de préparation. La langue slave qui fut enseignée en premier lieu fut le bulgare, auquel se substitua le russe en 1896. En 1899, Sir David Salomons offrit généreusement 1.250 francs par an pour faciliter la nomination d'un chargé de cours de russe et, en 1900, M. A.-P. Goudy prit la chaire de russe qu'il occupe encore aujourd'hui. En 1904, la « Fishmongers' Company » (Syndicat des marayeurs) offrit, pour une période de cinq années, une somme égale à celle que Sir David Salomons avait versée pour les cinq années antérieures. La donation fut renouvelée en 1910 et en 1915. L'enseignement du russe est donc garanti jusqu'en 1920 moyennant une dotation de 1.250 francs par an. En 1907, l'Université de Cambridge fit un important progrès. Agissant sur un rapport du Comité Spécial des Langues Modernes, le Sénat admit le russe comme sujet d'examens pour l'obtention des grades universitaires, au même titre que l'anglais, le français, l'allemand, l'italien et l'espagnol. Jusqu'ici les candidats n'ont pas été nombreux. Aucun collège ne semble s'être préoccupé de l'enseignement du russe, sauf Pembroke. Cependant, l'Université possède aujourd'hui un nombre considérable d'érudits pratiquant la langue russe, en dehors du chargé de cours de l'Université et de M. Minns, professeur à Pembroke, dont le grand ouvrage : « Scythes et Grecs : Revue de l'Histoire ancienne et de l'Archéologie sur la côte nord de l'Empire du Danube au Caucase », publié en 1913 par la Presse de l'Université, constitue une très importante con-

tribution à l'histoire de la Russie méridionale.
M. Bury, professeur d'histoire moderne, a commencé ses conférences par un cours sur : « La Russie au xvie et au xviie siècles. » Il a secondé assidûment les tentatives faites pour fonder une école d'études russes. Les événements récents sont de nature à encourager ces études, qui trouveront l'Université prête à faire le nécessaire.

La grammaire que M. Goudy a laborieusement composée vient d'être publiée, et la Presse de l'Université fait paraître une série de textes annotés, dus à la collaboration de MM. Goudy et Bullough, ce dernier agrégé des Collèges de Gonville et de Caius. Les trois premiers volumes, qui vont paraître incessamment, sont : « Boris Godounov », de Pouchkine ; « Sébastopol » de Tolstoï et « Pauvres gens » de Dostoievsky.

A l'Université de Londres, la langue russe peut être prise comme sujet d'examen pour le titre de bachelier ès-arts (grade ordinaire et honneurs) ainsi que pour celui de maître ès-arts. Des cours ont lieu à l'usage des étudiants qui choisissent ce sujet. Au Collège du Roi, une école d'études slaves a été inaugurée et des cours de russe ont été organisés dans le but de donner aux élèves un enseignement pratique de la langue russe. Manchester possède également une chaire de russe, et il existe un cours assez fréquenté qui a été fondé par Sir William Mather. A Nottingham, le Conseil du Collège de l'Université et la Chambre de Commerce ont ouvert une enquête dans les milieux commerciaux pour savoir s'il y aurait des demandes tendant à créer des cours de russe. Les réponses ayant été très encourageantes, la Chambre de Commerce a décidé d'offrir une subvention intéressante (1.250 francs par an pendant au moins deux exercices) pour couvrir les frais de cours, plus une somme de 500 francs pour la fondation d'un prix. Les cours du jour et du soir ont été déjà inaugurés.

L'un des projets les plus intéressants et les plus importants pour l'enseignement du russe est celui élaboré par le Conseil du Comté de Londres depuis la guerre. Des facilités étaient déjà données à Londres depuis plusieurs années aux personnes désireuses d'apprendre le russe, mais le public n'y attachait que peu d'intérêt et les demandes de cours restaient pratiquement en suspens. En septembre 1914, à la réouverture des cours du soir, il n'avait été prévu que cinq cours pour l'enseignement du russe, un au Collège de la Cité de Londres et quatre dans les cours commerciaux du soir institués par le « London County Council » (Conseil du Comté de Londres). La déclaration de guerre attira immédiatement l'attention des Londoniens sur la Russie et les possibilités qu'elle offrait ; aussi beaucoup de demandes furent-elles faites au sujet des cours de russe. Les articles parus dans la presse stimulèrent aussi l'intérêt. Le Conseil du Comté envoya à chacun de ses instituts techniques, aux écoles commerciales et professionnelles, un exemplaire du supplément russe du *Times* du 15 janvier 1915, en appelant l'attention des intéressés sur l'article intitulé : « Une occasion pour l'Angleterre » et sur les arguments qui s'y trouvaient développés. Le résultat fut l'ouverture d'un nouveau cours au Collège de la Cité de Londres et d'un autre dans les Instituts Commerciaux du soir. Les taxes d'inscription demandées pour ces derniers sont purement nominales, variant de 1 fr. 25 à 6 fr. 25. Tous ceux qui veulent acquérir la connaissance de la langue russe possèdent donc des cours qui leur sont accessibles, tout au moins en ce qui concerne Londres, et ce sera bien la faute du public s'il ne profite pas de l'occasion qui lui est offerte.

CHAPITRE V

INDUSTRIES TEXTILES

De toutes les industries russes, l'industrie textile est l'une des plus anciennes et, au point de vue économique, la plus vaste. Petites entreprises *koustarny* au début, certains tissages russes ont dépassé en importance ceux de l'Europe occidentale. En raison des conditions générales qui prévalent en Russie, ces tissages ont à entretenir toute une série d'institutions de bienfaisance ou d'instruction : écoles, infirmeries, pouponnières, bâtiments pour loger les ouvriers, bibliothèques, maisons d'assistance, etc... Il en résulte que des tissages russes (par exemple, ceux de Morosov à Orekhovo-Zuevo et le New-Kostroma Linen Mill) ressemblent plus à de petites villes qu'à des tissages dans le sens attaché à ce mot en Occident.

Nous donnons dans les lignes qui vont suivre une description sommaire de la situation actuelle de chacune des branches de l'industrie textile en Russie.

COTON

La fabrication des articles en coton est la branche la plus puissamment développée de cette industrie, au double point de vue de la quantité et de la qualité. Un examen attentif des statistiques provenant de différentes sources démontre péremptoirement que la consommation du coton de toutes espèces faite par les tissages en Russie n'est actuellement pas inférieure à deux millions de balles (de 225 kilos) par an. Le nombre des broches au 31 août 1913 était de 9.212.557, d'après la statistique fournie par la Fédération internationale du coton, ce qui place la Russie au quatrième rang, les trois premiers étant tenus par la Grande-Bretagne (56 millions), les États-Unis (32 millions) et l'Allemagne (11 millions). Les chiffres ci-dessus indiqués pour la consommation du coton et le nombre des broches représentent pour la Russie une augmentation d'au moins 50 p. 100 depuis 1900. L'importance de l'approvisionnement de coton indigène en Russie est démontrée par le fait que, pendant la même période, les importations de coton étranger sont restées à peu près stationnaires, l'accroissement de la consommation ayant été couvert par celui de la production des régions cotonnières. Cette production s'élève maintenant à au moins un million de balles de 225 kilos et forme la plus grande partie de la consommation indigène. Les chiffres les plus récents dont l'on puisse faire état pour l'industrie textile remontent à 1910. Il existait à cette époque 359 tissages possédant 213.179 métiers produisant 273.000 tonnes d'articles divers en coton.

Cette branche industrielle constitue l'un des terrains sur lesquels les Anglais et les machines anglaises occupent une position défiant toute concurrence. De 85 à 90 p. 100 des métiers à tisser le coton qui fonctionnent en Russie sont de fabrication anglaise. Tous les tissages de la région de Petrograd et environ 40 de celle de Moscou sont exploités par des experts techniques anglais. Le personnel habituel se compose d'un directeur, d'un sous-directeur, d'un cardeur, d'un tisserand et d'un ingénieur. D'autres établissements, comme par exemple ceux de MM. Goats, à Petrograd, Lodz et Riga, appartiennent à des Anglais. D'une façon générale, cependant, les capitaux placés dans cette industrie sont partiellement ou entièrement russes. Cela n'a d'ailleurs rien de surprenant, quand on réfléchit à la protection fiscale dont elle jouit et aux splendides résultats qu'elle a déjà donnés. Le revenu moyen produit par les fonds placés au cours des 15 dernières années est estimé à plus de 10 p. 100, mais on pourrait citer de nombreux cas où il dépasse largement ce taux.

Les métiers à filer le coton employés en Russie sont, comme nous l'avons dit, presque tous de fabrication anglaise. Mais, pour le matériel de tissage et de teinturerie, les Allemands ont accaparé une large part des affaires dont nous avions autrefois le monopole. D'un autre côté, les métiers russes à calicot des ateliers de construction Ivanovo sont entrés dans la lice depuis quelques années, à la faveur des lourdes taxes d'entrée qui grèvent les articles étran-

gers. Cette question des droits frappant les machines
de types que la Russie ne peut actuellement espérer
construire à égalité avec nous met sur le tapis de
belles questions d'économie politique, très différentes des questions d'économie nationale. A première vue, il semblerait évident que si le Gouvernement russe entend développer l'activité industrielle
du pays, la première chose qu'il doit faire c'est de
supprimer les droits sur les machines. Pour les
machines des types les plus perfectionnés, des droits
prévus sont évidemment fiscaux bien plus que pratiquement protecteurs, et la charge porte tout d'a-
bord sur le manufacturier russe, puis, éventuelle-
ment, sur le consommateur. Le prix d'un métier
anglais, par exemple, est de 275 francs, f. o. b. Hull.
Avec les droits, le port et les frais, il revient à
l'acheteur de Moscou à environ 550 francs, — le
métier Ivanovo est vendu 450 francs, — sans donner
à ses constructeurs un profit exorbitant. On peut
créer de la sorte une industrie pour la construction
des machines, mais son établissement, son stade
d'études et son existence subséquente sont évidemment payés par l'industrie cotonnière. Dans le même
ordre d'idées, le droit d'importation établi sur le
coton brut agit comme le ferait une subvention
directe accordée aux producteurs de la Transcaucasie
et du Turkestan, mais, dans ce cas, les bénéfices
économiques obtenus par le développement de ces
régions ne sont pas limités aux individus, ni même

à une classe de la population. Enfin, les lourdes contributions locales imposées aux manufactures par
les Zemstvos de nombreux districts (le comité financier de Moscou en évalue le montant, par an, à plus
de 22 millions et demi de francs) constituent une
subvention indirecte à la classe agricole au détriment
des classes industrielles. C'est une lourde entrave
apportée, dans ces districts, au développement des
tissages de coton et des autres industries. Il est difficile de concilier cet état de choses avec la politique
progressiste qu'affiche le Ministère du Commerce,
et qui est reflétée par la décision de la Douma de
maintenir leur traitement préférentiel aux machines
agricoles. Cependant, le développement de l'industrie
du coton est inévitable et la ligne de moindre résistance se trouve évidemment, étant donné la situation
actuelle, dans la création d'ateliers de constructions
mécaniques et de tissages dans les districts coton-
niers du Turkestan.

D'après l'opinion des experts, certains des tissages
russes sont les plus beaux qui soient au monde, au
point de vue non seulement de la construction et de
l'équipement, mais aussi de l'organisation et de la
direction. Le tissage « Kraengolm » de Narva, par
exemple, est considéré par beaucoup de personnes
comme le tissage le mieux organisé du monde, sans
excepter ceux du Comté de Lancastre. Ce tissage a
un personnel dirigeant de 30 Anglais, un hôpital
qui a coûté 2 millions de francs, plus d'un demi-

million de broches et 4.000 métiers, une cité ouvrière avec plus de 3.000 locataires, le tout construit et administré d'après les principes modernes et en tenant compte intelligemment des conditions locales.

L'accroissement de la culture du coton en Russie a été grandement favorisé, comme il a déjà été dit, par les droits d'entrée élevés (près de 80 centimes par kilogramme) qui frappent le coton importé. Cette culture est confinée à deux régions principales. La première est le Turkestan russe. L'autre est dans le district connu sous le nom de Transcaucasie, situé entre la mer Noire et la mer Caspienne. Ce sont les régions cotonnières les plus septentrionales du monde. Elles sont à cinq degrés plus au nord que les limites de la culture du coton en Amérique, et bien plus distantes de l'équateur qu'aucune des contrées produisant actuellement du coton dans l'hémisphère austral. Le coton indigène russe a des soies rudes, d'une longueur approximative de 23 à 25 millimètres. Il est similaire au coton indien dont il est probablement une variété. En Russie, comme dans d'autres parties du monde, la pénurie de coton provoquée par la Guerre de Sécession a conduit à faire des tentatives de culture du coton et à acclimater des variétés étrangères. Les graines des Antilles utilisées tout d'abord ne donnèrent pas de bons résultats, parce que le climat est trop sec. Plus tard, des graines provenant des hauts plateaux d'Amérique furent cultivées avec succès. La superficie actuellement complantée en coton est probablement de plus de 500.000 hectares, mais elle pourrait être considérablement augmentée. Le rendement moyen du coton est fort élevé. Il n'est pas estimé inférieur à 336 kilos à l'hectare, au lieu de 224 kilos en Amérique et de 112 kilos dans les Indes. Les meilleurs districts donneraient même, paraît-il, un rendement de 500 kilos environ. Ces chiffres ne peuvent être atteints qu'en Égypte et, en fait, il est très frappant que la récolte russe soit, sous presque tous les rapports, semblable à celle d'Égypte. En raison de la rareté des pluies, le coton ne peut être cultivé que grâce à l'irrigation fournie par les nombreuses rivières qui descendent des montagnes dans la plaine. L'irrigation semble avoir été introduite par les Chinois dans le premier siècle de l'ère chrétienne, dit-on. Certains de leurs travaux existent encore, et l'on croit qu'ils pourraient être réparés ou utilisés pour de nouveaux projets. Le Gouvernement a entre les mains les plans d'ouvrages fort importants, dont l'exécution pourrait presque doubler la surface aujourd'hui complantée en coton En 1914, l'irrigation du steppe Mouigan en Transcaucasie a été terminée, et, en même temps. l'on a inauguré le canal Romanov, qui fournira l'eau nécessaire à l'irrigation d'un vaste territoire.

Le pays est en grande partie cultivé par de petits fermiers, qui le possèdent en propriété ou le louent sous différents systèmes de partage des bénéfices. On

Les régions de culture du coton dans l'Est.

les peint comme des ouvriers agricoles modèles, bien
que fortement handicapés par leur dépendance économique, et surtout par le défaut de fonds. Les travaux agricoles s'exécutent presque entièrement à la
main, car l'emploi des machines agricoles est fort
limité. Les salaires sont très élevés, jusqu'à 6 francs
par jour, dit-on, ayant augmenté de 100 p. 100 pendant la dernière décade.

Le Turkestan est divisé en cinq provinces administratives dont quatre (Ferghana, Syr-Darya, Samar-
cande et Transcaspienne) sont d'importants centres
pour la culture du coton, en dehors des deux États
tributaires de Bokhara et de Khiva. Le développement d'une nouvelle région cotonnière est surtout
lié à la question des transports. A cet égard, le Turkestan est particulièrement favorisé, car le gouvernement russe a construit un réseau complet de voies
ferrées courant de l'est à l'ouest à travers toute la
zone. La culture du coton est si rémunératrice que le
prix des terrains qui s'y prêtent s'est énormément
accru et, sur certains points, les vignes ont même été
détruites pour faire place au coton.

Les régions cotonnières de la Transcaucasie se
trouvent au sud de la chaîne du Caucase, dans les
vallées de plusieurs rivières se jetant, soit à l'est
dans la mer Caspienne, soit à l'ouest dans la mer
Noire. Ces régions sont aussi relativement bien desservies par des chemins de fer qui s'embranchent,
pour la plupart, au réseau principal russe.

La situation de l'industrie cotonnière russe, depuis le début de la guerre, a été naturellement beaucoup améliorée par l'existence de cet excellent approvisionnement de coton indigène. En fait, si elle n'avait pas disposé de ce stock, l'industrie cotonnière russe aurait beaucoup souffert de la pénurie de matières premières. Il est donc particulièrement heureux que la récolte de 1914 dans le Turkestan et la Transcaucasie ait été, d'après les rapports faits à ce sujet, la plus forte enregistrée jusqu'à présent, s'élevant jusqu'à 1.300.000 balles.

La morale de la guerre sera évidemment de démontrer péremptoirement l'importance du coton indigène pour l'industrie russe, et le Gouvernement sera probablement amené à redoubler d'efforts pour en encourager la culture.

Les stocks de coton qui existaient dans le monde avant la guerre se trouvaient manifestement insuffisants, et ils le redeviendront dès que les hostilités seront terminées. L'augmentation de la récolte de coton en Russie est la contribution la plus importante qui ait été faite au cours du présent siècle pour améliorer la situation des approvisionnements, la Chine, peut-être, exceptée. Le coton russe est de bonne qualité, il est en majeure partie aussi bon que le coton des hauts plateaux d'Amérique. L'extension de sa culture paiera largement les capitaux qu'il sera peut-être nécessaire d'engager pour exécuter les vastes projets d'irrigation actuellement à l'étude.

CULTURE ET TISSAGE DU LIN

Au temps de Napoléon, la toile de Russie était fort demandée à l'étranger, principalement pour l'équipement militaire ; mais l'industrie des petits tisserands travaillant sur leurs métiers mus à la main a été tuée par les nouvelles industries textiles de l'Europe occidentale. Les tissages modernes exigeaient des quantités toujours croissantes de matières premières, et ils auraient renvoyé leurs produits fabriqués à la Russie si cette dernière n'avait pas élevé une barrière douanière pour encourager la mise en exploitation sur son territoire des métiers à vapeur.

Le lin de Russie joue dans le monde le même rôle que le coton américain. Au cours des trois ou quatre dernières années une profonde modification s'est produite dans l'industrie linière. Les experts techniques, scientifiques et pratiques les plus réputés dont disposent le Gouvernement et les Zemstvos, voire les organisations privées, se préoccupent tous de rechercher les améliorations à introduire dans cette industrie au point de vue de la culture et du traitement des fibres. On doit signaler tout particulièrement à cet égard l'Association Panslaviste des Producteurs et Consommateurs de Lin, car c'est à elle que revient l'honneur d'avoir fait les premiers pas dans cette voie. Une Commission spéciale du lin, présidée par M. Zoulochaniov, a été instituée au Ministère de l'Agriculture, dans le but d'étudier les manières propres à améliorer les procédés de culture et la qualité du produit. La Russie est le seul pays du monde qui produise à la fois du lin et du coton ; aussi M. de Timiriazev a-t-il été appelé à siéger également dans cette Commission, afin d'unifier les intérêts de ces deux branches de l'industrie nationale.

La valeur du lin exporté en 1913 a excédé 225 millions de francs, et la quantité représentait plus de 75 p. 100 de la production mondiale. Il est à noter d'ailleurs que, contrairement à beaucoup de branches commerciales russes, l'industrie linière traite directement et n'est pas entravée et alourdie par l'immixtion des intermédiaires allemands.

En 1913, la Grande-Bretagne a acheté à la Russie pour 82.500.000 francs de lin et d'étoupe, soit plus du tiers de l'exportation totale ; ces textiles ont été utilisés pour les fabrications les plus communes. En présence de la situation générale de l'industrie linière, les fabricants de Belfort ont récemment apporté une attention spéciale aux conditions de la culture du lin en Russie, et aux possibilités qu'elle offrait. En 1868, les tissages russes ne possédaient guère que 110.000 broches ; en 1888, ils en avaient 248.868, et, en 1908, 362.382. Le nombre des broches a atteint 416.274 en 1913, soit une augmentation de 5 1/2 p. 100 sur l'année précédente. La quantité de lin brut traitée a été de 80.000 tonnes; il a été filé 50.000 tonnes de fil à tisser, et 4.250 tonnes de fil à

coudre. Le nombre de métiers en activité s'est élevé
à 15.049. La production totale de fil à tisser est
absorbée en Russie même.

Les chiffres ci-dessus montrent que l'industrie
linière fait de sérieux progrès en Russie. Malgré
cela, elle ne consomme que 20 p. 100 de la quantité
totale du lin produite dans le pays, qui est de
400.000 tonnes environ par an. Comme le lin est largement exporté, comparativement à la demande de
la clientèle indigène, la guerre a naturellement
porté un coup terrible à l'industrie linière, les exportations ayant à peu près complètement cessé. Toutefois, les stocks de coton étant limités, le lin est plus
largement demandé maintenant sur le marché intérieur, ce qui contribue à stabiliser la situation.

LA LAINE ET LES LAINAGES

Comme beaucoup d'autres branches industrielles
en Russie, la fabrication des lainages a débuté sous
le règne de Pierre le Grand. Jusqu'en 1820 les tissages
russes travaillaient surtout pour l'armée, et ce n'est
que vers 1850 qu'ils commencèrent à travailler pour
le marché. Après de nombreux flottements, l'industrie
lainière montra un progrès constant à partir
de 1879. Les statistiques récentes révèlent que le
nombre des entreprises est de 1037, représentant un
capital engagé de 575 millions de francs. Le total des
broches en activité pour l'ensemble des tissages est

de 1.423.627 et le nombre des métiers à main et à vapeur de 43.173. Cette industrie occupe 142.049 personnes (hommes : 88.669 ; femmes : 50.355 ; enfants : 3.025). De toutes les branches de l'industrie textile en Russie, celle-ci est probablement la seule où le nombre des hommes excède celui des femmes occupées. La production annuelle de tous les établissements réunis est d'environ 69.000 tonnes de fil à tisser et de 62.000 tonnes de toile. Les tissages russes augmentent chaque année leur chiffre d'affaires. Leur consommation de laine, qui était de 175 millions de francs en 1890, s'est élevée en une décade de 400 millions, et était en 1910 de 500 millions de francs.

L'industrie lainière est groupée dans les provinces baltiques et en Pologne, où l'on fabrique surtout des voiles de fine qualité : dans la région de Moscou, qui fournit une quantité importante de draps fins et de voiles ; dans la province de Tchnernigov, qui possède de nombreuses fabriques de draps ; enfin, dans les provinces de Simbirsk et de Tambov, qui ont la spécialité de la fabrication des draps grossiers et lourds faits avec les laines indigènes. Il existe aussi de très nombreux tissages, dits *koustarny*, petits ou grands, qui fabriquent du feutre et des articles en feutre. Malgré sa production considérable, l'industrie lainière ne parvient pas à satisfaire les besoins du marché intérieur. En 1910, par exemple, la Russie a importé pour 18.750.000 francs de fil à tisser ; 31.000.000 de francs de fil à coudre et 30.750.000 francs d'articles confectionnés ; dans l'ensemble, l'importation des articles en laine représentait une valeur de 80.000.000 de francs. En 1913, les importations de laine et de laine filée atteignait un total sensiblement égal, soit 50 millions de francs. Les laines étrangères trouvent aussi en Russie un débouché régulier qui s'accroît constamment. Les importations de laine brute se sont élevées en 1913 à 140 millions de francs.

On peut prévoir qu'à l'avenir les tissages russes se serviront principalement de laine importée, étant donné que dans le Midi et le Centre de la Russie la culture des céréales se substitue peu à peu à l'élevage des moutons. Il en va également ainsi, mais à un moindre degré, dans le Caucase et dans les steppes de Sibérie. La baisse de la production est due principalement à la diminution des troupeaux. D'après les dernières statistiques publiées par le Département de l'organisation agricole, il y a dans l'Empire 76.000.000 de moutons à toison épaisse et 5.000.000 de moutons à toison fine ; ces derniers étaient au nombre de 8.000.000 une décade auparavant. Le développement de l'agriculture en Russie a amené le déclin de l'élevage, déterminant une raréfaction de laine et la hausse des cours. Celle-ci, coïncidant avec la baisse générale du cours des laines sur le marché mondial, résultant de l'élevage des mérinos en Australie et en Argentine, a provoqué l'importation des laines étrangères. Cette situation a mis les fermiers

russes dans l'alternative, ou d'introduire des méthodes
modernes dans leur vieux système pastoral, ou de se
rejeter sur une branche plus rémunératrice de l'élevage. Beaucoup ont choisi ce dernier parti, et quelques-uns ont essayé d'appliquer l'ancien système de
migration des troupeaux en se transportant dans les
steppes de Sibérie. Les éleveurs russes, par leurs
méthodes conservatrices, placent de plus en plus les
tissages russes sous la dépendance des étrangers.
Pour le moment, il semble qu'on ne puisse s'attendre
qu'à une augmentation rapide de l'importation des
laines.

L'industrie lainière a été quelque peu affectée
par la guerre, en raison de la raréfaction des importations des qualités les plus fines. D'autre part, la
diminution des exportations des qualités plus communes a embarrassé les éleveurs, mais ils ont
trouvé une large compensation dans les demandes
croissantes de grosses laines pour l'armée et la hausse
des cours qui en a été la conséquence.

SOIE

L'usage des soieries est connu en Russie depuis
longtemps, mais la fabrication des tissus de soie a
commencé sous Pierre le Grand. Les chiffres exacts
les plus récents que l'on possède sur cette industrie
sont ceux pour 1908 ; comparés à ceux de 1900, ils
donnent le tableau suivant :

ANNÉE	NOMBRE de tissages.	NOMBRE d'ouvriers.	VALEUR de la production.	VALEUR des matières premières.
			En francs.	En francs.
1900	309	31.976	81.750.000	51.250.000
1908	277	33.771	98.750.000	60.000.000

Le nombre des fabriques de soie était tombé en 1912 à 174, mais le nombre des ouvriers était resté à peu près stationnaire (33.176).

Pour l'industrie de la soie, la Russie occupe la sixième place dans le monde. Elle travaille annuellement environ 1.700 tonnes de soie brute, dont 1.130 tonnes sont produites par le Caucase et le Turkestan. Pendant la dernière décade, la production de la soie ouvrée a peu augmenté, la demande de la clientèle indigène ayant été nulle.

L'industrie de la soie se divise en trois branches :

1° Le traitement de la soie brute ; 2° la manufacture des rubans, mouchoirs et tissus et 3° la préparation des brocards d'or et d'argent. Pendant la même période, cette dernière branche a fait de grands progrès, sa production passant de 12.050.000 à 34.500.000 francs. En d'autres termes, le rendement a presque triplé et les fabriques se sont agrandies. D'un autre côté, la production des cordonnets de soie a diminué. Le nombre des établissements est tombé de vingt-quatre à dix, tandis que la valeur de la production est passée de 51.500.000 francs à 34.000.000 de francs. Dans les mêmes conditions, le rendement des établissements travaillant la soie a diminué de 220.500.000 francs à 173.750.000.

Les fabriques de tissus de soie ont subi peu de variations pendant cette période. Cependant, celles qui possédaient leur matériel pour la teinture et le finissage ont presque doublé leur production.

ANNÉE	NOMBRE de tissages.	NOMBRE d'ouvriers.	VALEUR de la production.
			En francs.
1900.	24	5.777	146.750.000
1908.	16	7.800	278.000.000

En dépit des progrès considérables réalisés dans l'industrie de la soie, les fabriques russes ne parviennent pas à satisfaire à toutes les commandes qu'elles reçoivent et il est fait une forte importation de soieries. En 1906, l'importation de cet article s'est élevée à 50 millions de francs ; en 1910, elle a atteint 87.500.000 francs.

La sériciculture ne donne que de modestes résultats, bien que le Caucase et le Turkestan soient capables de produire de fortes quantités de soie de bonne qualité. Ce n'est que depuis quelques années que la soie du Caucase a commencé à concurrencer

la soie d'importation, qui est surtout introduite en
Russie sous forme de cocons à dévider. Ces derniers,
reçus en petits colis, sont préparés sur place, partie
à l'aide de machines mues à la main, partie dans de
petites fabriques locales, ou dans les grands établissements de la Russie d'Europe. Une grande quantité
de soie en cocons est vendue à la France. Il est à
remarquer qu'en Russie comme dans l'univers entier
la sériciculture est l'apanage de populations vivant
à l'orientale, comme les habitants du Caucase et les
mahométans du Turkestan. Le Turkestan produit
annuellement près de 1.600 tonnes de cocons secs. La
Transcaucasie en produit bien davantage (4.396
tonnes en 1913). Les procédés arriérés encore appli-
qués à la sériciculture et l'absence de toute organisation commerciale entravent le plein développement
de l'industrie. De meilleures méthodes techniques
amélioreraient la situation du marché de Moscou et
arrêteraient l'exportation des cocons, dont les manufactures indigènes ont manifestement besoin pour
pouvoir concurrencer les variétés importées.

La guerre a naturellement eu pour conséquence de
réduire l'activité des fabriques de soie, car les commandes se sont raréfiées. Les approvisionnements de
soie brute ont baissé et ne peuvent être remplacés
par l'importation. Mais, d'un autre côté, le fait que
l'exportation des cocons est également impossible
peut donner une impulsion aux filatures indigènes.

CHANVRE ET JUTE

L'industrie du chanvre comprend la fabrication des tissus, de la corderie et des câbles. Le nombre des fabriques de tissus, qui produisent surtout pour l'ameublement, est considérable. La corderie était connue en Russie depuis longtemps ; la fabrication des câbles, alors même qu'elle existât, ne jouait cependant qu'un rôle effacé en raison du peu d'importance de la marine et de la batellerie russes. Les premières fabriques de câbles furent fondées par des Anglais à Kholmogry, près d'Arkhangel. Pierre le Grand donna une forte impulsion à cette industrie, lorsqu'il fit de la Russie une puissance maritime ayant besoin pour sa flotte d'une quantité considérable de cordages. A cette époque, le Gouvernement témoigna d'un vif intérêt au développement de la culture du chanvre et à la création de nouvelles fabriques de câbles.

Vers 1880, l'industrie chanvrière n'existait que dans quelques districts et principalement à Petrograd. La production de ce dernier centre est évaluée à plus de 5.000.000 de francs, production à laquelle les établissements Hoth contribuent pour 3.000.000 de francs, représentant 3.200 tonnes. Dans la province de Iaroslav, seconde en importance, les ateliers de Zhuravlev produisent plus de 4.800 tonnes évaluées à 3.350.000 francs. Les provinces d'Orel, de Kherson, de Ryazan et de Perm possèdent des manufactures produisant plus de 1.600 tonnes pour chaque province. A côté des établissements traitant le chanvre, il existe dans les provinces de Tver, d'Orel, de Tchernigov, de Kalouga, de Voronège, des manufactures *koustarny* où l'on fabrique des cordes et des cordages.

En dépit de l'extension qu'a prise en Russie l'industrie du chanvre, sa situation est loin d'être satisfaisante. Le Gouvernement et les Zemstvos n'ont que tout récemment tourné leur attention vers cette industrie, qui, dans beaucoup de districts russes, procure une main-d'œuvre rémunératrice. La surface consacrée à la culture du chanvre a diminué récemment. En 1903, la surface complantée en Russie d'Europe était de plus de 800.000 hectares, tandis qu'en 1912 elle s'était abaissée à 600.000 hectares. Comme beaucoup d'industries rurales, la culture du chanvre n'est pas faite en Russie sur des bases scientifiques et la récolte dépend uniquement des conditions climatériques. La production a donc des fluctuations de 50 à 70 p. 100, sans qu'elle soit en proportion avec l'augmentation ou la diminution de la surface cultivée. Ainsi, par exemple, la récolte a été de 2.900.000 tonnes en 1905 ; de 487.000 tonnes en 1907 et de 303.000 tonnes en 1909, tandis qu'en 1912 elle s'est élevée à 354.000 tonnes de chanvre.

L'industrie du chanvre est entravée en Russie par la concurrence du jute, du chanvre de Manille et du coton ; aussi le chanvre de Russie perd-il peu à peu la place qu'il occupait sur le marché mondïal.

La fabrication des articles en jute n'a été entreprise en Russie qu'à une époque assez récente. Vers 1880, elle existait à peine. Les essais entrepris pour acclimater le jute dans le sud de la Russie ayant abouti à un échec, les fabriques indigènes ne reçoivent leur matière première que de l'étranger. Les chiffres correspondant à la quantité de jute importée doivent donc être un indice sûr du développement de l'industrie en Russie. Les importations se sont élevées à 102.000 tonnes en 1881, à 248.000 tonnes en 1901 et à 391.000 tonnes en 1910. Actuellement, dix établissements traitant le jute existent en Russie, avec 45.000 broches et près de 2.400 métiers, occupant 10.638 personnes. La valeur de leur production totale est estimée à 425.000.000 de francs.

Presque toutes les fabriques de jute en Russie confectionnent des sacs. Cette spécialisation est un grand désavantage pour le développement de l'industrie du jute, car elle la subordonne absolument à l'importance de la récolte. Un autre sérieux impedimenta a pour cause les droits très élevés qui frappent le jute. Malgré tout, l'importation du jute brut augmente d'année en année, bien que l'élévation des droits d'entrée sur les sacs en jute ait fait considérablement baisser leur importation.

CHAPITRE VI

GÉNIE CIVIL. INDUSTRIES DIVERSES

En dépit du caractère aigu de la lutte internationale entreprise pour conquérir le marché russe, lutte qui n'a pas toujours été conduite par les concurrents en ligne selon les principes de la loyauté, la Grande-Bretagne continue à garder la maîtrise sur ce terrain. Il est d'ailleurs naturel qu'il en soit ainsi. Les relations d'affaires existent, en effet, depuis très longtemps et chacun sait comment un grand monarque russe Pierre, voulant apprendre à connaître les méthodes de construction des Anglais en venant travailler personnellement sur leurs chantiers navals, il put y apprécier la perfection du travail, qui est la marque de fabrique des constructions britanniques. Depuis cette époque, nos constructeurs ont fait beaucoup de bateaux de tous tonnages pour la Russie. Nos principaux chantiers de construction de navires de guerre ont des accords étroits avec le Gouvernement russe.

Avant la guerre, la Russie faisait aussi largement appel à la Grande-Bretagne pour la fourniture de l'armement, et depuis de nombreuses années, une maison bien connue de Sheffield est en relations commerciales avec les arsenaux de Petrograd et de Toula pour la fourniture des canons de fusil, des baïonnettes, des sabres et des outils en acier. Cette industrie s'est bien maintenue, ainsi que celle du matériel de chemins de fer. Comme nous l'avons déjà indiqué dans le chapitre sur les textiles, il est exact que dans certaines branches de cette industrie, notamment celles de la teinture, du tissage et du finissage des cotonnades, les machines allemandes ont pris quelque peu la tête. Toutefois, les statistiques prouvent que près de 90 p. 100 des machines utilisées en Russie pour la filature du coton sont de fabrication anglaise et sortent en majeure partie des grandes usines de Bolton et d'Oldham. Dans bien des cas même, les établissements sont exploités par des techniciens anglais.

Pour les machines agricoles, la Grande-Bretagne occupe une forte position, et l'on admet généralement que la Russie est redevable à l'Angleterre du développement de ses ressources agricoles. Ce sont des machines importées d'Angleterre qui ont pour la première fois donné aux fermiers russes une idée des inventions modernes. Ainsi, par exemple, dans toutes les expositions qui ont eu lieu antérieurement à 1880, les charrues de Howard, Ransomes, Page et Hornsby, les semeuses de Smith et Garrett, les batteuses et les machines portatives de Claynon, Ra-

somes et Garrett ont toujours tenu le premier rang
comme efficacité, et étaient particulièrement en
faveur auprès des fermiers russes. La charrue historique du sud de la Russie et de la Petite Russie a été
transformée et adaptée aux conditions modernes par
les efforts combinés des ateliers russes de John Hoehn
et les établissements anglais de Ransomes et de
Howard. Les steppes immenses de la Russie méridionale ont été défoncés pour la première fois par la
fameuse charrue « Novorossiysky » de Ransomes, et
l' « Anglo-Bulgare » de Howard, et, depuis ce
moment, le rendement en grain a décuplé. Un constructeur russe de machines agricoles considérait
comme un grand honneur d'être appelé le « Ransomes
russe » ou le « Howard russe ». Cette distinction
avait été accordée à feu A.-G. Pavlov qui avait beau·
coup contribué au perfectionnement des charrues
russes. Le concurrent le plus redoutable de l'Angleterre est l'Allemagne, ces deux pays fournissant à
peu près 75 p. 100 de l'ensemble des machines, mais
la part de l'Allemagne ne doit probablement pas
excéder 25 p. 100 de celle de l'Angleterre. Un point
important, que ceux appelés à commercer avec la
clientèle des fermiers russes ne doivent pas perdre
de vue, c'est la différence dans les types de machines
exigés par les différents districts, en raison des
variations qui existent au point de vue de la nature
du sol et des conditions climatériques. Ces variations
s'étendent des riches terres noires et du chaud soleil

de la Russie méridionale au sol neutre et au climat blafard du nord. Naturellement, les produits récoltés varient aussi avec le sol et la région. On pourrait à cet égard faire état d'une classification assez étendue, mais on peut dire, en général que le blé pousse dans le sud et l'avoine dans le nord.

La clientèle commande de préférence les marques anglaises pour les machines à battre et les moteurs destinés à les actionner. En cette matière, le fermier russe est conservateur et les machines anglaises étaient employées alors que le blé russe commençait à se faire une place importante sur le marché mondial. Les firmes anglaises fournissent aussi des moissonneuses-lieuses, mais ce genre de machines agricoles est devenu maintenant l'objet d'un commerce presque exclusivement américain et fort important pour des établissements dont l' « International Harvester Company » est le type, bien que la firme Harrisson, Mac Gregor et C°, du Comté de Lancastre, y participe également pour une large part. On estime que le moment serait cependant propice pour les maisons anglaises de tenter d'annihiler le monopole américain pour cette classe de machines. La Suède commence aussi à travailler dans cette voie, et elle livre des moissonneuses aux provinces baltiques et ailleurs.

Le prix élevé du bois a provoqué, dans certaines régions, des commandes de machines à huile lourde. Ces ordres ont été exécutés dans une certaine mesure par des maisons suédoises et par des fabricants anglais. Ces derniers ont combiné un type de machine semi-portative actionnée par la vapeur surchauffée. A d'autres égards, la tendance à aller audevant des besoins de la clientèle russe est évidente. Cette dernière a même commencé, sur l'initiative des constructeurs allemands, à faire usage de la charrue à moteur.

Ceux qui visitent régulièrement les régions agricoles ont remarqué qu'il se produit graduellement une modification dans la condition du paysan. Il se transforme peu à peu en petit fermier et devient un facteur de plus en plus important de la situation agricole. L'industrie des machines agricoles attend aussi le développement réel de la Sibérie. Dans ce pays qui est un autre Canada, — avec, il est vrai, un climat quelque peu plus froid, — il y a un vaste terrain propre à l'agriculture, et il est certain que l'on demandera beaucoup de machines à l'Angleterre.

En ce moment, les importations de machines à battre de marque anglaise et de machines demi-fixes augmentent graduellement, tandis que les commandes de machines anglaises d'autres types sont relativement peu nombreuses, sauf pour quelques modèles spéciaux. La baisse constatée dans l'importation des charrues anglaises peut naturellement s'expliquer en partie par le développement de la construction indigène, mais elle est également due, sans aucun doute, au « conservatisme » des fabricants anglais. Il faut, toutefois, attribuer une certaine influence au désir manifesté par les fermiers russes d'obtenir des modèles plus légers et moins chers, fût-ce même au détriment de la durée; de plus, beaucoup de firmes anglaises ont une représentation insuffisante ou nulle en Russie. Pour mieux faire connaître aux fermiers russes les machines anglaises, il est absolument essentiel d'organiser des agences, de participer aux expositions et surtout aux expériences pratiques.

Comme nous l'avons déjà dit, les maisons anglaises dominent le marché russe pour ce qui concerne les machines à battre et les machines portatives. Les fermiers russes apprécient particulièrement les machines anglaises pour leur solidité. On cite des exemples de machines portatives qui sont en service depuis trente ans et plus, et beaucoup de vieilles machines construites par Ransomes, Sims, et Jefferies sont toujours en service. Les batteuses anglaises sont estimées en raison de la bonne qualité du matériel et des garnitures, mais, depuis peu, la routine des firmes anglaises a fait également sentir son influence dans cette partie. Pour conserver leur position sur le marché russe, il serait bon pour les maisons anglaises d'étudier les derniers modèles établis par les Américains, qui les ont largement dépassés dans la voie des perfectionnements automatiques et de la construction économique, et de réaliser les perfectionnements nécessaires. Il est exact que les machines américaines ont une courte durée et qu'elles sont, sous ce rapport, inférieures aux machines anglaises.

Revenant une fois encore au desiderata d'ordre général que nous émettons ci-dessus, nous ajouterons qu'il est à souhaiter que les maisons anglaises, surtout celles qui sont encore peu connues en Russie, envoient des spécimens de leur production pour que les organisations responsables existant dans le pays puissent les soumettre à des essais. Il y a plusieurs organisations de ce genre. D'abord les stations d'essais de Rostov-sur-le-Don, d'Adchamka (près d'Elizavetgrad), d'Omsk, de Bezenchouk (près de Samara) et celle près de Riga. Il y a aussi une petite station qui relève du Musée Industriel de Varsovie. Ces stations expérimentent la plupart des machines dont a besoin leur district. Il est regrettable que les machines anglaises, sauf certains types spéciaux, ne prennent que rarement le chemin de ces stations d'essais. Il y a lieu de mentionner maintenant les stations d'essais qui dépendent des instituts agronomiques de Moscou et de Kiev. L'Institut polytechnique possède aussi des stations à Novotcherkask. Les recherches scientifiques et l'étude des nouveaux modèles de machines sont entreprises par le Bureau de l'outillage agricole au Ministère de l'Agriculture. Ce Bureau constitue une section du comité scientifique du Ministère et possède des

terrains près de Petrograd, en Tauris et près de
Taschkent. Ces derniers sont spécialement affectés à
l'étude des machines de ferme et des machines spéciales pour la culture du coton et du riz. Le Bureau
comporte plusieurs divisions. Il dispose d'une très
riche collection de publications techniques, de catalogues, bulletins et prospectus, dont certains proviennent de colonies anglaises très éloignées. La
collection des catalogues est renouvelée chaque
année. Il est désirable que les maisons anglaises
informent ce Bureau de toutes leurs innovations et
lui envoient, pour faire des expériences, leur
outillage et leurs machines. Jusqu'ici, lorsque ce
Bureau a passé des commandes de machines, il n'a
même pas bénéficié de l'escompte d'usage, et cependant, dans bien des cas, c'est uniquement aux
comptes rendus qu'a rédigés ce Bureau sur les machines anglaises que des commandes ont été faites
par le marché russe. Malheureusement, on connaît
peu en Angleterre l'action du Département russe de
l'Agriculture et du Bureau de l'outillage agricole ;
de plus, on n'apprécie pas à sa valeur l'importance
qu'ont en Russie les expériences pratiques.

Durant ces dernières années, les commandes de
machines ont considérablement augmenté dans les
districts de Bakou, de Maikop, de la Volga et autres
districts. Les machines à vapeur du type à turbine
et à mouvement alternatif, les machines à huile
lourde, les appareils à succion fournis par les ingé-

nieurs anglais pour le service des puits à pétrole,
représentent une puissance considérable en chevaux-
vapeur. Dans le district de la Volga, on a demandé
partout des appareils de sondage et des pompes
d'épuisement. Les machines fonctionnant au gaz et
à l'huile qui ont été récemment introduites sur le
marché russe sont admirablement adaptées aux
besoins du pays. Il se fait aussi un fort commerce de
machines spéciales pour les mines, de provenance
britannique, et les constructeurs de chemins de fer
emploient dans bien des cas les types anglais d'excavateurs. Les pompes centrifuges font aussi l'objet
d'un trafic prospère. Une importante maison anglaise, qui fait un commerce considérable de turbines
et de moteurs à gaz, possède des ateliers de construction en Russie, et l'expérience a démontré que ce
système, malgré les dépenses initiales, offre certains
avantages positifs.

L'industrie anglaise des outils de mécaniciens est
depuis longtemps en activité et réalise un chiffre
d'affaires important. Une maison bien connue de
Sheffield, qui a été récemment victime, de la part de
concurrents allemands, d'une contrefaçon qui a été
préjudiciable à son commerce et à sa réputation, se
trouvait dès 1754 en relations d'affaires avec la
Russie. Ces relations existent toujours. D'autres
branches de l'industrie de l'acier figurent pour une
large part dans les échanges anglo-russes, mais
l'expansion est lente. La concurrence est vive et, de

plus, les aciéries russes s'adjugent aussi une partie du marché en imitant les articles anglais. L'acier rapide est très demandé par les Ateliers du Gouvernement, malgré l'élévation des droits et la tendance qui prévaut de couvrir les commandes de ce genre, toutes les fois que cela est possible, au moyen des ressources locales.

L'extension des tramways électriques en Russie n'a pas profité à ces maisons anglaises qui avaient assumé la tâche de pionniers, bien que, cependant, pour certaines voies spéciales, quelques Sociétés anglaises jouissent d'un monopole qui assure des travaux à notre pays. Il existe aujourd'hui en Russie plusieurs importants ateliers de construction de voitures de tramways, auxquels vont de préférence les commandes du Gouvernement. La fourniture du matériel roulant des réseaux d'Etat est réservée pour la même raison aux firmes russes.

Ce qui précède n'est qu'un exposé nécessairement bref de la situation commerciale qui, étant donné le développement industriel attendu en Russie, est d'un intérêt extrême pour tous ceux qui s'intéressent à l'expansion économique anglaise. La Russie est un vieux marché, mais étant données les grandes possibilités qui n'attendent que l'éveil industriel de l'Empire, on peut considérer son vaste territoire comme une nouvelle arène ouverte au commerce britannique. Dans la Russie qui est en voie de formation, il y aura une énorme demande de matériel et d'outillage de toute espèce. Sur un tel marché, la concurrence sera encore plus aiguë, si possible, qu'elle ne l'est aujourd'hui, mais sa conquête au profit de la Grande-Bretagne sera un résultat digne de la lutte.

Il est un sujet, se rapportant à la situation actuellement occupée en Russie par l'industrie mécanique anglaise, sur lequel nous voulons dire quelques mots. La question que nous voulons traiter n'est pas nouvelle, car elle se réfère à la facilité avec laquelle nos concurrents s'adaptent au milieu où ils exercent leur action, et aux préjugés insulaires qui portent les industriels anglais à négliger de se conformer aux coutumes du pays avec lequel ils désirent faire des affaires. Il est indispensable, dans l'intérêt des constructeurs anglais, de coter des prix, non seulement en monnaie russe, mais encore comprenant les frais de transport ainsi que les droits d'entrée. Cela est d'une importance considérable dans bien des cas où l'on se trouve en terrain de concurrence, et c'est un fait connu que les offres et cotations qui facilitent à l'acheteur l'établissement de ses propres prix, en lui donnant pour base des éléments comprenant tous les frais, sont prises en meilleure considération que celles qui ne fournissent point ces chiffres. Il est naturel que certains manufacturiers n'aiment pas donner leur prix sur la base que nous indiquons, pour cette raison que les risques sont considérablement augmentés, mais il est hors de doute que ce système présente des avantages incontestables. La question de l'expansion et celle, envisagée parallèlement, du crédit à long terme étant traitées dans un chapitre spécial, nous ne nous y arrêterons donc pas ici.

ENTREPOTS FRIGORIFIQUES

A Petrograd, près de la gare du chemin de fer de la Baltique, dans un grand bâtiment carré, hideusement utilitaire, qui domine une rue bordée d'une série de petites constructions borgnes, l' « Union Cold Storage Company » (la Compagnie des Entre-pôts frigorifiques l' « Union »), qui est l'une des entreprises anglaises les plus puissantes et les plus prospères en Russie, a installé son siège. Devant cette vilaine bâtisse, un visiteur à l'esprit imaginatif peut se prendre à songer à d'immenses régions nouvellement peuplées et à leur industrie rendue productive par la baguette magique de la science ; il peut y voir la solution de bien des problèmes sociaux et économiques de l'avenir ; la richesse du monde accrue et conservée à l'abri pour les époques de disette ; il peut voir des gens qui se forgent de nouveaux espoirs, les paysans propriétaires de l'Extrême-Orient russe progressant vers une ère de paix et de prospérité. Toutes ces choses peuvent être vues avec les yeux de la foi, mais le regard du visiteur peut apercevoir ici directement des approvisionnements immenses d'œufs et de lard, de beurre, de fromage et de volaille. Dans un local de l'étage supérieur se trouvent quatre hommes dont le travail interminable consiste à trier les œufs à raison de 15.000 par jour et par homme. Ils se servent de lampes électriques spéciales et possèdent pour accomplir leur tâche une longue expérience et une dextérité extrême. Les œufs reconnus « bons » sont déposés par couches dans une chambre froide, dont la température est de 31° Fahrenheit (légèrement au-dessous du 0 du thermomètre centigrade), sur des lits de fibres de bois, jusqu'au jour où ils sont exportés à un prix rémunérateur.

Il y a matière à réflexion dans ce fait que la pluplart des œufs de moyenne qualité consommés à Londres pendant l'hiver ont été recueillis au printemps précédent dans les fermes et les poulaillers des bords de la Volga et de la Voronège. Dans la note dont il accompagnait le budget de 1911, le ministre des Finances mentionnait avec une fierté justifiée le fait qu'en 1909, les exportations d'œufs se sont élevées à 175 millions de francs et celles de la volaille à 37.500.000 francs. En fait, les poules de la Russie centrale et les vaches de la Sibérie ont, dans ces dernières années, beaucoup plus fait pour maintenir une balance commerciale favorable à leur contrée que toutes les mines du Caucase et de l'Oural.

Dans d'autres locaux sont empilés des ours bruns

et noirs, valant chacun 350 francs, qui sont réservés
spécialement aux épicuriens allemands, des rennes
de la *toundra*, des moutons de la Transcaspienne,
des daims de la Sibérie, des monceaux de porcs
découpés, des esturgeons de la Volga et des saumons
de l'Amour, des coqs de bruyère, des tétras et autres
gibiers, jusqu'à des perdrix des collines de Mand-
chourie, des pigeons et des volailles de tous genres.

Ailleurs sont emmagasinées des tonnes de beurre
de Sibérie. L'extension prise par l'industrie beurrière en Sibérie est une chose merveilleuse, dont le
caractère merveilleux continue à s'accentuer. Si le
fait d'obtenir deux récoltes de foin là où l'on n'en
produisait antérieurement qu'une seule peut être
considéré pour celui auquel il est dû comme un titre
au nom de bienfaiteur de l'humanité, alors, certainement, Verestchagin, le propriétaire foncier de
Tver, a bien mérité de la postérité en apprenant le
premier à ses compatriotes, vers 1871, à conduire
une laiterie. En 1894, la Sibérie commença sur une
modeste échelle à exporter du beurre, soit, pour cette
année, 60 tonnes environ. En 1911, il existait en
Sibérie 3.000 laiteries en exploitation avec 500 beurreries, accusant une exportation totale de 56.000 tonnes représentant une valeur de 137.500.000 francs.
Il y a 1.300 wagons frigorifiques transportant con-
tinuellement du beurre sur le Transsibérien, et des
dépôts frigorifiques tout le long de la ligne. Avant
la guerre avec le Japon, les beurreries travaillaient

presque toutes pour l'Allemagne, mais une fois la paix conclue, au dedans et au dehors de l'Empire, les beurriers sibériens constatèrent que ce marché leur avait été enlevé par les fermiers polonais; en conséquence, ils portèrent leur attention sur l'Angleterre où ils écoulent maintenant la moitié de leur production. Le beurre, emballé dans des fûts solides, est gerbé dans les magasins frigorifiques de Kourgan, de Riga et de Petrograd où il attend les cargos qui le transporteront à Londres, à Hull et à Leith. L'industrie beurrière a naturellement pour corollaire de fortes expéditions de viande de porc et de lard, car le petit lait est une excellente nourriture pour les porcins. Ainsi s'accomplit avec le temps cette prophétie de von Baer, biologiste allemand qui assurait que l'exportation des soies de porc serait plus rémunératrice pour la Sibérie que tout son commerce de fourrures.

Si l'on considère la Russie, dans son ensemble, on peut dire que les entrepôts frigorifiques et les transports par wagons frigorifiques n'en sont encore qu'au stade élémentaire de leur développement, les entreprises n'ayant pu encore, jusqu'ici, s'élever à la hauteur, non seulement des possibilités, mais même des besoins de leur situation économique. Les possibilités de richesse que la Sibérie seule peut offrir en pourvoyant le monde de denrées alimentaires sont incalculables. Ce fait a été reconnu et proclamé par M. Stolypine à la suite de l'enquête qu'il a poursuivie sur place, et le programme établi par le Gouvernement pour la construction de ses voies ferrées démontre clairement qu'il considère comme une question de politique nationale l'ouverture d'une ère d'activité et d'expansion continue dans ce sens. Quoi qu'il en soit, les avantages économiques du froid industriel pour les buts immédiats correspondant à son développement actuel n'ont pas été suffisamment appréciés, ou, s'ils ont été compris, ils ont été négligés. Dans la grosse affaire de l'approvisionnement et de l'exportation du poisson, par exemple, se révèle un gaspillage continuel, non seulement des occasions propices, mais aussi des produits, parce que l'on manque de l'outillage réfrigérant qui serait nécessaire sur les chemins de fer et sur les rivières. Il y a sept ans, la capacité totale des entrepôts frigorifiques établis dans l'Empire pour la conservation du poisson n'excédait pas 4.500 tonnes, disséminée dans les vastes districts de la Volga, de l'Amour, et de l'Iénisséi. La nomenclature du matériel roulant des chemins de fer de l'État russe ne mentionnait que quarante-deux wagons spéciaux pour le transport du poisson.

Il n'y a pas de wagons frigorifiques pour le transport du mouton, de sorte que cette viande est exclusivement consommée par les classes riches, au lieu d'être la forme la plus économique de l'alimentation carnée dans les villes de Russie.

Le Gouvernement a reconnu la nécessité de créer

des entrepôts frigorifiques pour son propre usage et l'Intendance militaire a commencé la construction de vastes magasins à Varsovie, à Smolensk et à Vladivostok.

CHAPITRE VII

RESSOURCES MINÉRALES. HOUILLE ET PÉTROLE

Au point de vue industriel, la Russie étant un pays
neuf, possédant de grandes richesses minérales,
peut être considérée comme un immense réservoir
qui devra approvisionner le monde d'une infinité de
produits enfouis encore dans son sous-sol, et qui
sont déjà en partie épuisés dans les pays jouissant
d'une civilisation industrielle plus ancienne. Par
l'extension de son réseau ferré, avec des capitaux
suffisants et de la main-d'œuvre expérimentée, grâce
aussi à un encouragement législatif bien compris,
la Russie pourra exploiter ses ressources minérales
pendant la prochaine génération aussi efficacement
que l'Amérique l'a fait pour les siennes après la
Guerre de Sécession. Ceux qui savent ce qu'étaient
aux États-Unis, il y a une génération, les industries
de la houille, des minerais de fer, de l'acier, du
pétrole et du cuivre, et qui ont conscience de leur
formidable développement à ce jour, peuvent aisément se rendre compte des possibilités minières de
la Russie. Dans des conditions satisfaisantes, l'Em-

pire russe peut, dans un avenir prochain, faire dans les industries minières et dans la sidérurgie d'aussi grands progrès que ceux qui firent l'étonnement du monde dans l'Amérique du Nord. La onzième édition de l'« *Encyclopædia Britannica* » ne consacre même pas une colonne à l'industrie minière et aux industries connexes de la Russie.

Au cours des dix années qui se sont écoulées depuis la publication de cet ouvrage, l'extraction de la houille, bien que faible pour une aussi vaste contrée, a plus que doublé. La production totale de toutes sources n'a probablement pas encore atteint 50 millions de tonnes, bien que l'on estime officiellement que l'extraction de la houille atteindra dans les quatre prochaines années le chiffre de 35 à 40 millions de tonnes par an pour le seul bassin du Donetz. Les charbonnages du Donetz fournissent aujourd'hui plus de 55 p. 100 de la houille et 80 p. 100 du coke consommés dans l'Empire. Près de 16 p. 100 de la houille consommée avant la guerre était importée, de sorte que guère plus d'un quart de la consommation provenait d'autres houillères. Le bassin du Donetz s'est plus développé depuis quelques années que les autres régions houillères, sa production ayant triplé depuis 1900. Il est presque impossible, en raison du manque de statistiques, de mesurer exactement les effets de la guerre sur les industries minières de la Russie. Le lecteur ne doit donc pas perdre de vue que les éléments d'après lesquels ce chapitre a été rédigé concernent la situation qui existait à la veille de la guerre et qu'il est, en principe, impossible d'obtenir des chiffres dignes de foi pour les exercices postérieurs à celui de 1913.

Un autre district houiller important est celui de Dombrovo, dans le sud-ouest de la Pologne ; il a fourni en 1912 un peu moins de sept millions de tonnes. La houille du bassin de Dombrovo est similaire à celle des mines voisines de la Silésie. Elle ne donne pas de coke et ne se prête pas à la sidérurgie. Les autres charbonnages de la Russie d'Europe donnent un peu plus de un million de tonnes par an. La plus grande partie de cette extraction provient de l'Oural. A cause des difficultés du transport, les gisements de l'Oural, dont le meilleur produit est l'anthracite d'Egorshinsk, sont peu exploités pour le moment. Le charbon de l'Oural n'a qu'une valeur locale, mais son extraction devrait s'accroître en proportion du développement des industries du pays. Actuellement, le bois est largement utilisé, mais il devient rare et son prix est très élevé. La houille du bassin de Moscou est d'une qualité fort inférieure. Elle contient des cendres et du soufre, et se délite à l'air. Il lui est donc difficile de concurrencer la houille du Donetz ou le pétrole.

L'extraction de la houille dans la Russie d'Asie n'atteint au total que deux millions de tonnes. Le bassin de Kutznetsk, en Sibérie, contient des gisements énormes, et il a certainement un avenir brillant. Ce bassin, plus riche en variétés et en quantité que celui du Donetz, souffre quant à présent de l'absence des moyens de transport.

On y trouve différentes qualités de houille, dont certaines sont excellentes. Le charbon pourrait être transporté par voie fluviale de ce bassin dans l'Oural, de même que dans la région de l'Altaï qui, avec ses innombrables gisements de minerais divers (fer, cuivre, plomb, argent, or, zinc, etc...) deviendra indubitablement dans l'avenir un grand consommateur de houille de Kutznetsk, dès que des voies de communication auront été créées et que des fonds auront été réunis pour ces entreprises.

Dans la Sibérie occidentale, les premières tentatives d'extraction ont eu pour théâtre le district de Sudzhensky. Le charbonnage dit de « Tcheremkova », dans les environs d'Irkoutsk, couvre les besoins de la section Krasnoyarsk-Baïkal du Transsibérien. Bien que ce charbon soit surtout ligniteux, on le trouve en quantités pratiquement inépuisables et l'extraction en revient à un prix avantageux.

Le charbonnage d'Ekibastus, sur la rivière Irtych, a été récemment développé par la Société d'Irtych et il produit dès maintenant sur une large échelle. La houille extraite est de la qualité dont on fait le coke, et elle sera utilisée pour fondre le minerai de plomb de la grande mine Ridder, appartenant à la Société, minerai dont le traitement exigera 350.000 tonnes de houille chaque année. Cette année, la production atteindra environ 140.000 tonnes s'il est possible d'avoir la main-d'œuvre nécessaire. Un marché de un million de tonnes est déjà assuré de la part du Gouvernement et d'autres sources extérieures, dès que la mine arrivera à cette production. Le charbonnage a une superficie de 65 kilomètres carrés et la réserve du sous-sol est estimée à des milliards de tonnes.

A côté des houillères de la Sibérie occidentale, il convient de mentionner la mine de Karraginsky, propriété de la Compagnie des Mines de Cuivre de Spassky (Spassky Copper C°). Malheureusement, cette mine couvre uniquement les besoins de ses propriétaires, par suite de l'absence de moyens de transport. D'une façon générale, d'ailleurs, le manque de moyens de transport a été jusqu'à présent une sérieuse entrave à l'extension de l'industrie houillère de la Sibérie occidentale où l'on sait que des gisements de charbon existent sur beaucoup de points. De riches gisements se trouvent dans la région de Minusinsk, à l'est de l'Altaï. Mais là, bien que les opérations en vue de l'exploitation de la houille soient déjà commencées, on ne saurait compter sur un rendement régulier avant la construction du chemin de fer projeté.

Dans la province de l'Amour, les entreprises privées de charbonnage sont surtout concentrées dans la région méridionale d'Ussuri et à Sakhaline. Le nombre de ces entreprises a constamment augmenté au cours des dernières années et leur production a doublé depuis 1906. La qualité du charbon trouvé à Sakhaline est, dit-on, égale à celle du Cardiff. Il peut être fourni en grandes quantités et comme il est, en outre, d'une qualité excellente, il pourrait être amené à Vladivostock pour concurrencer le charbon japonais, si l'on augmentait les facilités offertes pour son chargement, en ne faisant que des dépenses modérées. L'on sait que de grands et très intéressants gisements existent dans le bassin des rivières Selinga et Burea, toutes deux tributaires de l'Amour. On projette déjà d'employer ce charbon sur la section de Habarovsk du chemin de fer de l'Amour.

Il y a enfin les mines du Caucase dont on extrait environ 40.000 tonnes annuellement, et les gisements du Turkestan. Il existe dans le district de Tkvartschelsk et sur les bords de la mer Noire des veines importantes qui n'ont pas encore été exploitées. On considère cette houille comme d'une qualité égale à celle du Comté de Monmouth et la situation géographique des gisements rend tout à fait possible la création dans l'avenir d'un trafic d'exportation intense.

PÉTROLE

En dehors de toute considération sur les effets de la guerre, les statistiques des dernières années montrent que la production du pétrole diminue en Russie, particulièrement dans la région de Bakou.

Pendant les années 1912 et 1913 la production de pétrole a été la suivante :

	1912	1913
	Tonnes.	Tonnes.
Bakou.	7.920.800	7.717.000
Grozny	1.106.000	1.215.000
Tcheleken	260.000	203.500
Maïkop	152.000	96.000
Ferghana	66.170	71.200
Emba	121.600	122.100
	9.626.570	9.424.800

Cette baisse est soulignée par cette considération qu'en 1910 la Russie a exporté plus de 50 p. 100 de la consommation mondiale, tandis que pendant la dernière décade, par suite de l'énorme augmentation de la production américaine, cette proportion a été réduite à 20 p. 100. Le déclin a commencé en 1905, quand les industries de Bakou, principale source d'approvisionnement en Russie, ont subi ce que l'on considère aujourd'hui comme une crise historique. Depuis lors la production a été en diminuant graduellement.

Les terrains pétrolifères de Bakou s'étendent sur une surface de 1.090 hectares environ et l'on a, de plus, reconnu officiellement une surface égale dont le sol renferme aussi des nappes de pétrole. Certains spécialistes estiment néanmoins que cette réserve n'excède pas 400 hectares.

L'expérience a prouvé que tous les terrains pétrolifères du monde s'épuisent graduellement et inévitablement. L'extension de cette industrie ne peut donc être assurée qu'à la condition d'ouvrir de nouvelles régions à l'exploitation, comme ce fut le cas aux États-Unis. L'opinion contraire a prévalu en Russie jusqu'au moment où est survenue la crise de Bakou. On en était arrivé à considérer la production exceptionnelle de Bakou, non pas comme quelque chose d'extraordinaire, mais comme une condition normale d'extraction, et les méthodes de Bakou furent appliquées à d'autres régions pétrolifères avec ce résultat que ces dernières furent négligées. Toutefois, comme cela est aujourd'hui nettement démontré, la Russie possède beaucoup d'autres poches de pétrole, qui n'attendent que les capitaux et la main-d'œuvre pour fournir d'importantes quantités de ce combustible.

Si l'on passe à l'exploitation de nouveaux terrains, on pourra le faire à moins de frais que pour celle des anciens. Il en existe dans la région même de Bakou. Les géologues estiment que ces terrains possèdent une surface de 1.090 hectares dont le sous-sol est pétrolifère. C'est à l'État, comme dans toute la région de Bakou, qu'appartient le droit d'exploitation de ces terrains. Ce fait exerce la plus grande influence sur les destinées de l'industrie pétrolifère en Russie.

En dehors des quatre anciens terrains de Bakou, il s'en trouve encore, dans la péninsule d'Apsheron,

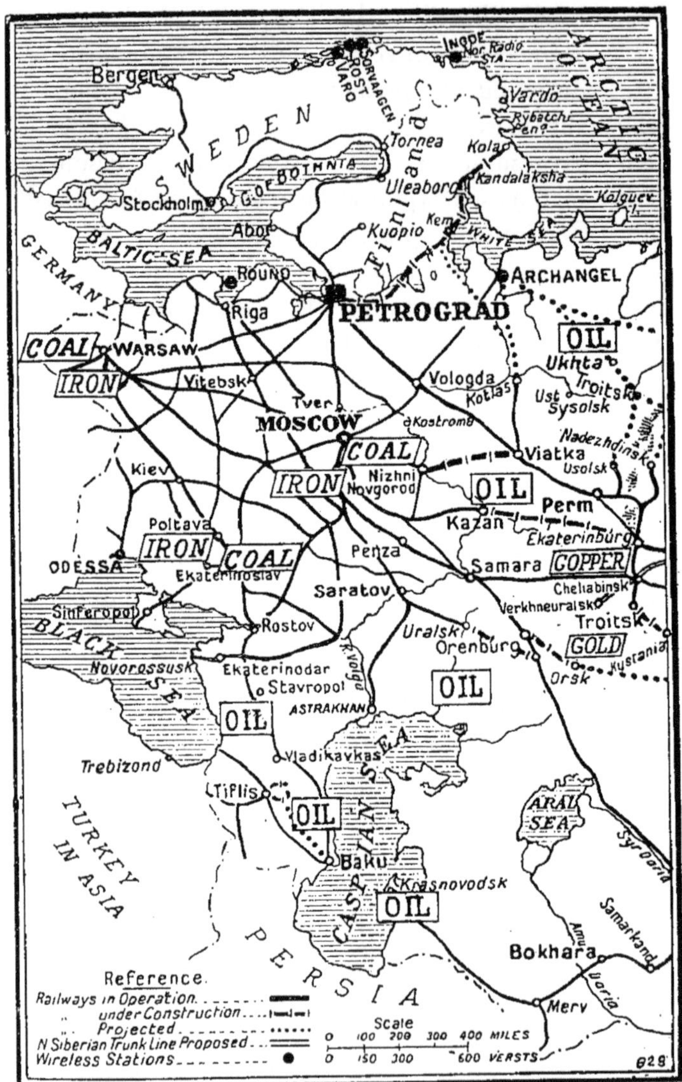

Ressources minérales de la Russie.

le Surakhany et le Binagady. Les champs pétrolifères de Surakhany sont situés le long des anciens puits de Bakou. On y a reconnu depuis longtemps des émissions énormes de gaz naturels.

Un soigneux examen et des sondages ultérieurs ont montré que le gaz provenait des couches supérieures et que le pétrole se trouvait au-dessous. Dès que cette constatation fut faite, de forts capitaux furent engagés dans l'entreprise de Surakhany; la conséquence fut que ces terrains qui, en 1909, avaient produit 17.200 tonnes de pétrole, en donnèrent 312.000 en 1911, puis 624.000 en 1913.

L'extraction des puits de Binagady, qui longent aussi les anciens terrains de Bakou, a été portée de 144.000 tonnes en 1910 à 240.000 tonnes en 1913.

Grozny vient tout de suite après Bakou comme importance. Sa production est passée de 1.106.000 tonnes en 1912 à 1.215.000 tonnes en 1913, c'est-à-dire qu'elle a presque atteint le record établi en 1911 (plus de 1.250.000 tonnes), malgré une grève qui a duré près d'un mois entier pendant l'été de 1913. Les poches de Grozny sont très riches, comme le prouve l'extraction journalière. Les sondages continuent avec activité, bien qu'il ait fallu les pousser jusqu'à l'énorme profondeur de 4.200 pieds (1.280 mètres) à travers un terrain rebelle. Le naphte extrait est de première qualité avec une très haute teneur en kérosène; il est très facile à distiller.

A Tcheleken, île située près du bord oriental de la

mer Caspienne, l'extraction annuelle n'a pas excédé 16.000 tonnes pendant une longue série d'années ; elle n'a commencé à s'accroître rapidement qu'en 1909-1910. En 1911, elle a dépassé 240.000 tonnes ; elle a atteint 260.000 tonnes en 1912 et est retombée à 203.000 tonnes en 1913.

Les *terrains pétrolifères de la rivière Emba*, dans l'Oural, ont été notés, pour la première fois en 1912, comme producteurs de 16.000 tonnes. Des études géologiques répétées ont montré que la région de l'Emba recèle de vastes nappes de naphte. L'exploitation industrielle de ces terrains a pleinement justifié les indications de la science.

Actuellement, les vieilles maisons de Bakou et des firmes nouvelles s'occupent activement du développement industriel de la région.

Les terrains pétrolifères ont attiré pour la première fois l'attention du public par la source gigantesque qui jaillit en un point nommé Dos Sor, mais c'est à M. N.-N. Leman, qui a consacré quinze années à faire valoir ces terrains, que l'on est vraiment redevable de l'intérêt qu'ils ont éveillé.

Le travail des prospecteurs de naphte dans la province de l'Oural remonte à la fin du siècle dernier. L'énorme territoire de cette province est limité par le cours inférieur du fleuve Oural et la partie nord-est du littoral de la Caspienne, d'une part, et la chaîne du Mugodiarsk, d'autre part. Les difficultés de prospection et des travaux préparatoires étaient immenses; le pays était pour ainsi dire inconnu; il n'y avait pas de cartes exactes, et le climat était malsain. La population peu dense se composait de Khirgiz nomades et de quelques Cosaques; enfin, il n'y avait que peu de moyens de communications. En dépit de toutes ces difficultés, un certain nombre d'entrepreneurs enthousiastes s'attelèrent à la besogne et après de nombreuses années de dur labeur, ils parvinrent à prouver que le pétrole existait en beaucoup de points de la province. Depuis les cinq dernières années, les recherches géologiques ont fait de sérieux progrès dans la région; des capitalistes étrangers témoignent d'un intérêt croissant pour les autres ressources qu'offre le pays, et les sondages exécutés par plusieurs Sociétés nouvelles donnent des résultats encourageants.

L'histoire des puits de pétrole de Maikop établit le record d'un merveilleux essor impliquant la création de nombreuses Sociétés, et aussi l'engloutissement de capitaux importants, un déclin rapide ayant succédé à l'accroissement de production qui s'était manifesté au début. Pendant les premières années, le rendement des puits a constamment augmenté : de 16.000 tonnes en 1910, elle est passée à 128.000 tonnes en 1911 et à 152.000 tonnes en 1912.

Il s'est alors produit une chute brusque dans l'extraction, qui n'a plus atteint que 96.000 tonnes en 1913. Ce chiffre montre que les terrains en question n'ont pas justifié les espérances que l'on avait placées en eux cinq ans auparavant.

Les champs de naphte du Turkestan sont principalement situés dans la région de Ferghana. Les pionniers de cette région ont été la « Chimion Cº » de Marghelan et la « Santo Cº », du district de Kokhand. La production totale, qui était de 16.000 tonnes en 1910, a augmenté comme suit : 1911 — 48.000 tonnes; 1912 — 66.000 tonnes; 1913 plus de 70.000 tonnes. D'autres sources d'approvisionnement existent pour l'avenir dans la Transcaspienne et dans l'île de Sakhaline, dans le Pacifique.

En général, l'État a, pendant les quinze dernières années, cédé ses droits par la voie des enchères contre le paiement d'une redevance en nature. Autrefois cette redevance était perçue sous la forme d'un versement fixe calculé par poud de naphte extrait. Le nouveau système, en raison de la concurrence que se font entre elles les Sociétés pour l'extraction du pétrole, a conduit aux résultats les plus extraordinaires, les droits atteignant jusqu'à 30, 40 et même 50 p. 100 de la production totale, et la moyenne 35 p. 100. Ainsi donc, sur 100 pouds de naphte amené à la surface par les firmes de Bakou, l'État reçoit 35 pouds en nature ou perçoit l'équivalent en espèces, au cours du marché. Les puits qui sont exploités sur cette base fournissent le tiers de l'extraction totale. Cette situation explique pourquoi le prix du pétrole doit, suivant l'ordre naturel des choses, forcément continuer à monter d'année en année. Il faut, en effet, que ce prix couvre les frais d'extraction, qui augmentent progressivement, ainsi que la redevance due pour les terrains, qui s'élève aussi à chaque enchère. Pendant l'année qui suivit la crise de 1905, c'est-à-dire au moment où toutes les maisons de Bakou s'efforçaient d'obtenir de nouvelles concessions, il se produisit dans le montant des redevances en nature un relèvement tel que l'État se vit fondé à recevoir la presque totalité de l'extraction de certains puits. En pratique, un pareil état de choses ne pouvait conduire qu'à une énorme hausse des cours du pétrole, car le naphte extrait des anciens puits devait payer pour celui extrait des nouvelles concessions.

En raison de ces considérations, le Sénat n'a pas confirmé les enchères de 1906 et, jusqu'en 1913, l'État s'abstint d'en tenir de nouvelles, avec ce résultat qu'aucun nouveau terrain pétrolifère de Bakou ne fut ouvert à l'exploitation et que la production de cette région éprouva un fléchissement.

L'impossibilité d'obtenir de nouvelles concessions se trouve donc être la cause primordiale de la baisse de la production et de la hausse des prix. La situation qui s'est réalisée en 1913 était déjà prévue en 1906. Les enchères ne pouvaient être ajournées davantage en présence des protestations qui s'élevaient de toutes parts contre la situation faite au marché pétrolifère. Cependant, le Gouvernement décida, avant toute chose, de reviser les conditions dans lesquelles s'opéraient les enchères. Des garanties furent établies afin d'assurer un minimum d'extraction. Les enchères portèrent sur 160 hectares. Elles eurent lieu en mai 1913 et ne justifièrent pas l'attente du Gouvernement. Les offres de redevances en nature atteignirent à nouveau d'énormes proportions, et les enchères, cette fois encore, ne furent pas confirmées.

Il est pour le moment impossible de discuter des effets de la guerre sur l'industrie du pétrole. Il y a lieu, toutefois, de remarquer que le Conseil des Ministres a annulé les enchères relatives aux terrains pétrolifères tenues en septembre 1914, en raison des conditions extrêmement défavorables dans lesquelles elles avaient eu lieu, car là brusque déclaration de guerre avait sérieusement affecté le crédit, et certaines grosses entreprises industrielles elles-mêmes éprouvaient de graves embarras financiers. Le résultat des enchères ne représentait donc pas exactement les forces économiques du marché du pétrole. D'ailleurs le Sénat a récemment appelé l'attention sur une série d'irrégularités qui se sont produites dans les enchères de 1914.

Les statistiques qui viennent de parvenir de Russie accusent pour 1915 une extraction de 9.152.000 tonnes, ce qui comporte une nouvelle

baisse de la production. Les parts des différentes concessions sur cette extraction sont les suivantes :

	Tonnes.
Anciens puits de Bakou	5.504.000
Surakhany	976.000
Grozny	1.408.000
Tcheleken	176.000
Oural	264.000
Maikop	128.000
Ferghana	32.000

CHAPITRE VIII

OR ET PLATINE

En Sibérie, on trouve de l'or presque sans inter-
ruption de l'Oural à l'Orient. Si l'on en juge d'après
les renseignements géologiques et de prospection
que l'on possède, l'industrie des mines d'or est
encore fort peu développée. De vastes régions qui
contiennent de l'or, notamment dans le bassin de
l'Amour, n'ont encore fait l'objet ni d'études géologiques ni de prospections. Différant en cela des autres
branches de l'industrie minière de Russie, l'exploitation des mines d'or est demeurée à peu près stationnaire depuis plusieurs années. Le tableau que
nous reproduisons ci-dessous montre que la production de l'or en Russie a subi des fluctuations très
légères et qu'elle est restée au même niveau pendant
les cinq dernières années, ainsi que le prouvent
les rapports des bureaux d'essai publics et privés,
qui sont la source des renseignements les plus
sûrs.

QUANTITÉ D'OR FIN ENREGISTRÉE

DANS LES LABORATOIRES D'ESSAI PUBLICS ET PRIVÉS

Année.	Kilogrammes.
1909	48.689
1910	53.477
1911	51.954
1912	35.942
1913	49.218

Dans l'ordre des industries minières, l'extraction de l'or occupe le troisième rang en Russie, après la houille et le pétrole. Le nombre des mineurs occupés dans l'industrie aurifère s'élève à 80.000 environ. Cette industrie a pour la Russie une valeur particulière, parce qu'elle permet d'ouvrir certaines régions qui, autrement, seraient demeurées négligées. Grâce à elle, de nouvelles cités se sont élevées en Sibérie, comme Bodaibo et Zeyeski Pristan. Les Sociétés minières ont introduit la civilisation jusque dans les régions les plus reculées de la Sibérie, établissant des lignes télégraphiques et des communications postales, construisant des routes et entretenant des écoles, des hôpitaux et des églises.

En Sibérie, les principales régions aurifères sont situées le long de la rivière Léna, avec Bodaibo pour centre, et dans la province de l'Amour, où les mines sont principalement disséminées dans le voisinage des grands tributaires de l'Amour : la Zeya, la Burea et leurs affluents. Pendant la période de 1906 à 1910, on a exploité près de 270 placers qui ont produit une moyenne de 6.870 kilogrammes annuellement. En comparaison de ce chiffre, celui qui se rapporte à la province Maritime est beaucoup moins impressionnant. Les principales mines se trouvent dans la région du bassin de l'Amgun, rivière qui vient de l'Ouest et se jette dans l'Amour à environ 112 kilomètres de son embouchure. Il y a encore d'autres fouilles dans le sud de la région de l'Ussuri et sur les rives de la Manche de Tartarie. Depuis 1906, on a exploité environ 38 mines qui ont fourni une moyenne de 1.060 kilogrammes d'or par an.

Les fouilles sont exploitées soit directement par les Sociétés, soit par des *zolotnichniki* ou tributaires, qui sont tenus d'acheter à l'économat des mines tous leurs approvisionnements à un taux fixé de gré à gré et qui apportent l'or lavé par eux au bureau des mines, qui le paie à un prix également déterminé à l'avance. L'intérêt témoigné par les capitalistes anglais dans l'industrie aurifère de Russie remonte à huit ou neuf ans. A cette époque, plusieurs sociétés, syndicats, trusts et autres organisations financières ont été constitués à Londres pour l'achat et le développement des mines d'or de l'Oural et de la Sibérie occidentale. Leur succès au « Stock Exchange » conduisit à la formation à Londres d'un certain nombre d'entreprises financières ayant pour but l'exploitation des mines d'or de Russie. Mais ces entreprises étaient bien trop nombreuses, eu égard à l'intérêt qu'elles pouvaient présenter pour le marché moné-

taire londonien et au nombre des placers susceptibles
de justifier l'emploi de gros capitaux. Comme on
pouvait s'y attendre, ces sociétés ne furent pas toutes
heureuses. Certaines durent cesser leurs affaires en
Russie ; d'autres travaillent à perte. Il y a beaucoup
de motifs à cette situation. Tout d'abord les Sociétés
ont été surcapitalisées. En second lieu, les ingénieurs
anglais employés à la surveillance technique ne con-
naissaient absolument rien des districts aurifères de
Russie. Ils avaient surtout acquis leur expérience
dans les mines d'or de l'Afrique du Sud et sans tenir
compte des particularités des placers russes, ils s'ef-
forcèrent d'appliquer des méthodes propres à l'exploitation des filons profonds et plus ou moins réguliers. Les résultats ayant naturellement été mauvais,
ils en tirèrent trop hâtivement des conclusions pes-
simistes quant aux mérites des mines russes. Les
ingénieurs américains, qui avaient acquis leur expérience dans des mines similaires à celles de Russie,
se montrèrent plus aptes à diriger les nouvelles
exploitations. Il arriva même que certaines sociétés
anglaises, après avoir éprouvé un échec avec une
mine et en ayant ouvert une autre, confièrent l'organisation de leur nouvelle entreprise à des ingénieurs américains (exemple : les mines d'or d'Orsk).

L'exemple le plus remarquable du concours
apporté par les capitaux britanniques à l'industrie
aurifère de Sibérie, est l'acquisition faite il y a quelques années d'un intérêt de contrôle dans les

fameuses mines de la Compagnie Lenskoi, du district de Bodaibo. A cette époque, la Compagnie Lenskoi, qui se trouvait à cette époque dans l'obligation d'emprunter chaque année à la Banque d'Etat la somme nécessaire pour acheter ses approvisionnements et pour boucher le trou ouvert par son exploitation non rémunératrice de la saison d'hiver, a maintenant passé avec la Société des mines d'or de la Léna, des arrangements financiers avantageux qui ont permis à la Compagnie russe Lenskoi de se placer au premier rang des producteurs d'or du monde entier. Son exploitation technique qui, auparavant, était également démodée et entraînait des frais élevés a été modernisée et les dépenses se sont trouvées réduites sous la direction d'ingénieurs américains. Les mines de cette Compagnie sont uniques dans leur genre, car ce sont les plus grandes du monde dans lesquelles l'or d'alluvion est tiré presque exclusivement d'opérations exécutées dans des galeries d'écoulement. La couche aurifère est constituée par du gravier formant couche à une profondeur de 15 à 45 mètres au-dessous du niveau du sol et qu'il faut extraire par les méthodes en usage dans les travaux souterrains. Le personnel ouvrier est d'environ 7.000 hommes. La Compagnie exploite une ligne ferrée qui lui appartient en propre ainsi qu'une flotte de vapeurs et de chalands sur les rivières Léna et Vitim.

Jusqu'à présent, l'or de Sibérie a été presque entièrement tiré de couches d'alluvions. Cependant, au cours des trois dernières années, une découverte qui a été faite dans l'Altaï méridional peut compter parmi les plus intéressantes depuis trente ans : il s'agit de minerais aurifères formant des couches profondes dans la mine Ridder, appartenant à la nouvelle Corporation d'Irtych. Les minerais trouvés sont complexes et contiennent de l'or, de l'argent, du plomb, du zinc et du cuivre. On estime la valeur des minerais exploitables, dont la présence a été reconnue par des sondages à la barre munie d'une tête en diamant, à 270 millions de francs, dont la moitié pour le minerai d'or seul. La Compagnie possède un excellent personnel technique dirigeant composé d'Américains. La plus grosse partie du capital social est anglaise. Les travaux de construction d'une usine de fonte sur les rives de l'Irtych sont en cours, de même que ceux d'un chemin de fer destiné à desservir les mines. La houille de la mine d'Ekibastus, qui appartient aussi à la Compagnie, sera utilisée pour la fonte.

On exploite également des mines de quartz aurifère dans les districts de Minusinsk et d'Achinsk en Sibérie, notamment la mine de Bogam Darovni de la Société russe pour l'industrie de l'or. Mr. C. I. Ivanitzky exploite aussi des quartz aurifères.

Le district dont il s'agit est important par les minerais de ce type qu'il recèle et mérite d'être prospecté en détail.

Il est hors de doute que l'industrie des mines d'or
en Russie offre un vaste champ aux capitaux anglais.
On peut considérer comme presque insignifiant le
total des fonds anglais actuellement engagés dans ce
genre d'entreprises. D'après les statistiques de 1911,
sur 5.500 millions de francs de capital britannique
engagé dans les mines d'or, il n'y a que 155 millions
de francs affectés aux mines russes, soit 2,8 p. 100
du total et ce chiffre est plutôt au-dessous qu'au-dessus de la vérité.

On voit d'après ces chiffres et les considérations
exposées ci-dessus, qu'en raison de l'énorme surface
des gisements aurifères en Russie il y a encore beaucoup à faire pour les capitaux anglais dans l'industrie des mines d'or. Ce fait a été nettement reconnu
au second Congrès panslaviste des mines d'or et de
platine, réuni à Petrograd en février 1915. Etant
donnée la dépression économique subie par la Russie
en raison de la guerre, ce Congrès a eu surtout en
vue d'encourager l'industrie aurifère afin de maintenir l'étalon d'or.

Les facteurs qui sont responsables de l'arrêt du
développement de cette industrie sont d'ordre économique, technique et légal, ce dernier terme comprenant les dispositions législatives restrictives. Les
causes économiques principales qui pèsent sur l'industrie des mines d'or sont le manque de routes et de
capitaux. Tout récemment d'autres causes sont
encore venues s'ajouter aux anciennes; ce sont l'aug-

mentation du coût de la vie et le refus du Gouvernement d'admettre la main-d'œuvre chinoise et coréenne.
L'industrie aurifère est exercée par les Russes depuis
près de cent cinquante ans dans l'Oural et depuis près
de soixante-quinze ans en Sibérie, où elle a pénétré
jusque dans les forêts vierges les plus reculées et les
moins accessibles (*taïga*). Jusqu'à ces temps derniers,
il n'existait qu'une seule ligne importante et encore
était-elle éloignée des centres aurifères de la Sibérie.
L'industrie de l'or a commencé à progresser dès que
les chemins de fer se sont développés en Sibérie et
dans l'Oural.

En 1913, le Gouvernement a approuvé la construction de toute une série de lignes de chemins de fer au
sud de l'Oural et dans la Sibérie occidentale. Ces
lignes sont : celle d'Orsk-Troitzk, traversant la province d'Orenbourg — 375 kilomètres ; le chemin de
fer de l'Altaï, de Novo-Nikolaievsk à Semipalatinsk
via Barnaul, avec un embranchement sur Biysk —
827 kilomètres ; la ligne Achinsk-Minusinsk —
444 kilomètres ; le chemin de fer de Kolschchinsk —
200 kilomètres.

Les études préliminaires sont toutes achevées, le
capital-action est souscrit et les travaux de construction sont commencés. Le chemin de fer de l'Altaï est
terminé.

D'un autre côté, une concession a été récemment
accordée pour la construction de la ligne principale
de la Sibérie méridionale longue de 1.715 kilomètres.

La liste précédente ne comprend pas le chemin de fer de l'Amour qui est aujourd'hui terminé. Ces nouveaux réseaux faciliteront l'accès aux nombreuses régions aurifères ; ils permettront aux sociétés de transporter leurs machines à des prix infiniment moins onéreux ; ils diminueront le prix du combustible et des bois de charpente et rendront plus faciles les communications postales et télégraphiques. Dans bien des cas, les travaux de terrassement nécessaires pour la construction des voies serviront même à la prospection de l'or. L'expérience acquise à cet égard lors de l'établissement de la ligne de l'Amour en est un exemple. Il est arrivé bien souvent que les travailleurs de la voie ont abandonné la besogne pour aller dans la *taïga* voisine chercher de l'or. Ces chemins de fer doivent être complétés par des routes et des chemins latéraux, car autrement les avantages qu'apporterait la construction de la ligne aux mines environnantes se trouveraient fortement réduits. Le Département de l'Emigration s'occupe pour son propre compte de la construction des routes.

Le Ministère des Voies de Communications a, de son côté, l'intention de construire 16.000 kilomètres de routes macadamisées, dont certaines traverseront les régions desservies par les nouvelles lignes de chemins de fer ci-dessus mentionnées. En particulier, il a été reconnu urgent d'établir une route carrossable d'environ 530 kilomètres pour relier la ville de Bodaibo, centre de l'industrie auri-

- fère de la Léna, à la ligne principale de Sibérie.

Un autre élément néfaste est le manque de crédit à long terme. On a reconnu le besoin de créer une banque pour les mines d'or et de donner à cet établissement financier le droit d'émettre des obligations garanties par le produit des mines. Il est, d'autre part, nécessaire de décharger pendant quelque temps l'industrie de l'impôt élevé qui la frappe et, dans les cas extrêmes, de fixer cette taxe sur la base des bénéfices réalisés par les entreprises.

Les difficultés techniques sont intimement liées à celles d'ordre économique. Comme dans tous les pays producteurs d'or, l'industrie aurifère de Russie a débuté par la découverte et l'exploitation des dépôts d'alluvions, exigeant moins d'expérience et de capitaux. Les sables les plus riches et de la plus haute teneur ont été vite épuisés. Les alluvions qui restèrent alors ne donnèrent qu'un rendement d'or comparativement bas du précieux métal, et on ne parvint à les exploiter d'une façon rémunératrice qu'en utilisant des appareils économiques, des dragues et des excavateurs. En fait, le draguage était depuis peu devenu une bonne affaire en Russie, malgré les nombreux insuccès qui avaient marqué ses commencements, ainsi qu'il arrive toujours pour les nouvelles entreprises. Après les dépôts d'alluvions, vint la découverte de l'or en filon, mais la quantité de métal précieux tiré des minerais ne forme encore qu'une faible portion du total, chiffrant de 10 à 15 p. 100.

La plupart des terrains aurifères de Russie sont
situés sur les domaines de l'Etat et les prospecteurs
de toutes nationalités y ont libre accès.

La guerre a naturellement exercé une influence
funeste sur l'industrie de l'extraction de l'or. Les
ouvriers et les employés ont été mobilisés et il a fallu,
—lorsque, bien entendu, la chose a été possible, — les
remplacer par un personnel moins expérimenté, ce qui
a provoqué une dépréciation dans la qualité du travail.
Les facteurs tendant à faire monter le cours déjà élevé
de l'or sont : l'augmentation des frais de transport
par voie ferrée, l'impossibilité de se procurer des
machines et certains matériaux en Russie, et la difficulté de les importer de l'étranger où les prix de plusieurs articles ont subi une hausse de plus de
100 p. 100, d'où nécessité de se servir de matériaux
inférieurs et peu appropriés pour la réparation des
machines. Toutefois, ces difficultés sont purement
temporaires et bien que la guerre ait défavorablement
affecté la situation des chercheurs d'or, ses effets
n'ont pas été sérieux en général. Récemment, le
Gouvernement a exempté du service militaire les
travailleurs des mines d'or et il a accordé des facilités spéciales pour le transport des articles qui sont
destinés aux mines. D'un autre côté, le Conseil des
Ministres a récemment approuvé une proposition du
Ministre du Commerce et de l'Industrie tendant à
constituer une commission spéciale chargée d'examiner les diverses questions et les mesures visant

le développement de l'industrie aurifère. Le président
de cette Commission est l'un des vice-ministres du
Commerce et de l'Industrie. Parmi les membres on
compte le directeur du Département des Mines, le
président du Comité géologique et d'autres représentants des Départements, plus six membres du Bureau
consultatif permanent des Mines d'or et de platine.

PLATINE

La plus grosse partie de la production mondiale
du platine provient de la Russie d'où l'on extrait
annuellement, en chiffres ronds, de 5.000 à 5.900 kilogrammes, soit 95 p. 100 de la production mondiale.

Les statistiques russes de la décade close en 1913
donnent les chiffres suivants :

Année.	Kilogrammes.	Année.	Kilogrammes.
1903	6.000	1908	4.881
1904	5.006	1909	5.099
1905	5.223	1910	5.472
1906	5.752	1911	5.596
1907	5.379	1912	5.503

Toutefois, ces chiffres n'indiquent que le platine
officiellement enregistré. Il se fait un trafic considérable de métal dérobé dont on estime le poids de
1.600 à 2.200 kilogrammes par an.

La plus forte production est celle de l'Oural. On
trouve le platine dans les placers dont les plus impor-

tants sont ceux de la Taura, de l'Iss et de quelques
autres rivières voisines arrosant le domaine de Shuvalov. Ces gisements sont pour la plupart entre les
mains de la Société anonyme de l'Industrie du platine.
Ces districts fournissent à peu près 80 p. 100 de la production de platine de l'Oural. Le reste est surtout extrait
des domaines de Demidov ou de Tagil, à 80 kilomètres
au sud de l'Iss. Les domaines de Nikolaï Pavidinsk,
de Polyakov et de Syssert produisent une quantité
moindre de platine. Les dépôts les plus riches sont
dus à la désagrégation d'une roche basique connue
sous le nom de « dunite », que l'on rencontre en une
zone assez étroite des monts Oural ; ces dépôts se trouvent dans le lit des rivières qui descendent au flanc
des montagnes. Le rendement moyen paraît être en
baisse dans tout le district, car il n'est plus que de
2 gr. 18 de platine brut par tonne de gravier, alors
qu'il était infiniment plus fort autrefois. Il faut donc
que les exploitants se résignent maintenant à exploiter des placers pauvres ou qu'ils entreprennent de
développer des gisements plus riches, qui, de par
leur position, sont plus difficiles à atteindre et à travailler.

Il n'est pas aisé de se procurer des éléments d'information sur la durée de ces dépôts, mais on peut
probablement affirmer que si l'on ne découvre pas
un nouveau terrain platinifère dans le nord de
l'Oural, le platine d'alluvions sera épuisé dans la
région d'ici à vingt-cinq ans. La prospection du

principal district à platine prouve qu'il n'est guère
probable que l'on y trouve de nouveaux gisements,
sauf peut-être dans l'extrême nord de l'Oural. D'autres
régions sont exploitées depuis soixante-quinze ans et
il n'est guère probable que l'on y fasse de nouvelles
découvertes. On emploie maintenant des méthodes
plus modernes pour exploiter les dépôts, des dragues
ainsi que des excavateurs étant mis en service. Il y
a deux dragues travaillant dans les mines de platine
de Shuvalov. Elles sont d'une capacité de rendement
assez réduite, le terrain étant extrêmement dur à
draguer. Jusqu'à ce jour, on n'a pas encore mis en
service sur l'Iss de drague moderne du type lourd de
Californie. Il est certain que lorsque ces terrains
seront exploités à l'aide d'un outillage moderne, les
frais d'extraction du platine seront réduits d'au
moins 50 p. 100.

L'énorme augmentation des cours, survenue en
1910, a amené l'industrie à entreprendre le lavage de
sables considérés jusqu'ici comme ayant une teneur
insuffisante. Malgré l'emploi de plusieurs dragues,
le rendement global ne s'est accru que de 12 p. 100
en 1910 et, en 1911, il a diminué, malgré une nouvelle hausse des prix. Tous ces faits démontrent que
les dépôts de l'Oural sont limités.

A la suite de pétitions réitérées, émanant de petits
propriétaires, le Gouvernement a déposé, il y a
quelques années, et fait approuver par la Douma une
loi portant que le platine ne peut être vendu qu'avec

un certificat d'origine. Cette loi interdit en outre l'exportation du métal brut, tout le platine extrait en Russie devant être raffiné dans le pays, soit par le Gouvernement, soit dans les mines privées.

CHAPITRE IX

FER ET ACIER

Les premières usines métallurgiques apparurent
en Russie dans la toute première partie du xviiie siècle
et s'installèrent dans les provinces forestières de
Toula et de Kalouga qui possèdent des dépôts ferrifères de surface. Autrefois, le fer était exploité suivant des méthodes primitives et sur une petite échelle :
il était surtout utilisé pour la fabrication des armes
portatives. Les premières usines ont été construites
par des Hollandais qui avaient pris l'engagement de
fournir au Gouvernement des canons, des boulets et
du fer brut. Mais à l'augmentation de la population
dans la Russie centrale correspondait une diminution
de la surface plantée en forêts ; cette circonstance,
ajoutée à une demande de fer toujours croissante de
la part du Département des Forges amena une insuffisance de rendement des usines de Toula appartenant à l'État. En 1689, le Gouvernement construisit
ses premières usines dans l'Oural et en 1703 des
fondeurs et des armuriers anglais y furent envoyés.
En 1702, Demidov, propriétaire de l'une des forges

de Toula, offrit de fournir des armes à l'armée à des
prix réduits, à condition que le Gouvernement lui
cédât quelques-unes de ses usines de l'Oural et l'aidât
à en créer d'autres. Pierre le Grand accepta l'offre.
Pendant la dernière partie du xviiie siècle, presque
toutes les usines du Gouvernement situées dans
l'Oural furent transférées à des particuliers moyennant certaines conditions, dont les principales étaient
la continuité de l'exploitation, et que les forêts mises
en réserve par le Gouvernement pour fournir le
combustible nécessaire seraient réparties entre les
usines. Les usines Demidov et d'autres encore continuent à recevoir leur combustible des forêts de
l'État et, pour ce motif, sont appelées usines « privi-
légiées ». Leur nombre est minime, car leur production actuelle ne s'élève qu'à 4 p. 100 de la production
totale en fer de la Russie.

Les principales usines de Russie appartiennent à
des entreprises privées. Leur existence n'est devenue
possible que sous le règne de Catherine II, à partir
du moment où l'on déclara que les gisements de
minerai n'appartenaient pas plus longtemps à l'État
mais bien aux propriétaires de la terre. Dès ce
moment, la production se mit à progresser en Russie;
elle atteignait pour la fonte en 1870 : 366.000 tonnes;
en 1880, 453.000 tonnes; en 1890, 942.000 tonnes;
et en 1900, 2.947.000 tonnes. La fabrication des rails
augmenta de 97.000 tonnes en 1885 à 152.000 tonnes
en 1890 et à 500.000 tonnes en 1900. La construction

des locomotives et des voitures s'est également développée considérablement. La crise qu'a subie l'industrie de la Russie vers la fin du siècle dernier, ainsi
que les troubles politiques et la guerre d'Extrême-
Orient ont arrêté le développement de l'industrie du
fer. La production de la fonte s'est abaissée à
2.500.000 tonnes en 1903; elle est remontée à
3.000.000 de tonnes en 1904, mais elle est retombée
ultérieurement à 2.750.000 tonnes. Enfin, elle a
éprouvé une augmentation graduelle et a atteint
2.920.000 tonnes en 1909. Cette année marque un
tournant décisif. Pendant ces dernières années, la
demande de fer et d'acier en Russie a considérablement augmenté. Pour les quatre années 1908 à 1911
la production de fer laminé s'est élevée respectivement
en milliers de tonnes à 2.400, 2.600, 3.050 et 3.380
avec, pour production correspondante de fonte,
également en milliers de tonnes, 2.840, 2.920, 3.090
et 3.650, alors que la production de 1912 a excédé
4 millions de tonnes. Actuellement la demande de fer
est de plus en plus importante et elle assure un développement rapide aux usines métallurgiques, qui ont
d'ailleurs prouvé leur solidité pendant les années difficiles d'un récent passé. Les usines métallurgiques
de la Russie sont techniquement à la hauteur des
meilleures usines étrangères et elles dépassent même
beaucoup de ces dernières sous le rapport des ressources naturelles. Les frais de production sont nor-
maux et l'on peut considérer l'industrie métal-

lurgique comme complètement mise sur pied.

L'industrie du fer de la Russie méridionale a été principalement créée pour fournir le matériel de construction aux chemins de fer, mais graduellement elle a étendu son activité au marché public. Elle joue maintenant un rôle prépondérant dans le commerce du fer. Le centre le plus important de la Russie pour le fer et l'acier est le bassin de Krivoï-Rog, situé sur les confins des provinces d'Ekaterinoslav et de Kherson, le long de la rivière Guletz et de ses affluents. Son minerai a une teneur de 50 à 70 p. 100 de métal pur ; ses ressources visibles sont estimées à 80 millions de tonnes et ses réserves probables à 200 millions de tonnes. Les gisements voisins de Korsak Mogila, dans la province de Tauride, sont également importants. Les travaux miniers ont été commencés il y a une vingtaine d'années dans le bassin de Krivoï-Rog, par un Anglais, M. John Hughe. L'activité de ce pionnier a marqué l'origine de l'industrie du fer dans la Russie méridionale où l'on compte aujourd'hui cinquante-cinq hauts fourneaux, capables de fournir annuellement 3 000.000 de tonnes.

Deux usines construites sur les rives de la mer d'Azov traitent des minerais bruns (contenant environ 35 p. 100 de fer) ; ces minerais constituent de grosses veines (5 à 11 mètres) près de l'isthme de Kertch. L'acier est obtenu ici par le procédé Thomas. A une certaine époque, de vastes espoirs furent conçus à propos du bassin du Donetz; toutefois ses réserves n'excèdent pas 300.000 tonnes.

On accorde aujourd'hui une attention toute spéciale aux mines de Kertch, qui ne sont pas seulement extrêmement riches, mais présentent aussi de grands avantages de par leur situation géographique. Des études approfondies ont prouvé que ces mines contiennent environ 500 millions de tonnes de minerai. Dans le Sud, la plus grande partie de l'acier est fabriquée au moyen du procédé dit à foyer ouvert. (En 1911, il a été produit ainsi 1.520.000 tonnes, contre 500.000 tonnes par le procédé Bessemer et 160.000 tonnes par le procédé Thomas.) Le laminage est fort pratiqué; neuf usines produisent, par an, plus de 100.000 tonnes chacune, c'est-à-dire autant que les meilleurs laminoirs européens. (En 1911, quatre usines ont sorti plus de 200.000 tonnes tandis qu'en 1912, quelques-unes ont laminé entre 300.000 et 400.000 tonnes chacune.)

Les usines du sud ont dépensé des sommes considérables pour perfectionner leur outillage en vue d'approvisionner le marché étranger; elles peuvent le faire avec avantage, car la fonte leur revient de 56 à 62 francs la tonne. Jusqu'à présent, elles ne font pas d'exportation, parce qu'elles ne parviennent même pas à satisfaire aux demandes du marché intérieur. Les usines de l'Oural sont, au contraire, relativement petites; elles ont été construites, il y a longtemps, à proximité des rivières qui leur four-

nissent la force motrice nécessaire. Les dimensions
de ces usines ont été déterminées par la hauteur de
chute des rivières et, pour une part aussi, par l'attribution à chacune d'elles d'une quantité limitée de
bois à brûler. Le manque de routes rend impossible
le transport du bois de charpente sur de longues dis-
tances. On espère que la ligne projetée du réseau Est
russe, dont le tracé traverse une région à anthracite
(Egorshinsk), fournira du combustible minéral au
district de l'Oural. Depuis l'ouverture à l'exploitation,
des chemins de fer allant à Petrograd et à Kotlas,
sur la Basse-Dvina, les forêts de l'Oural fournissent
du bois d'œuvre pour l'exportation. Les mines de
l'Oural contiennent principalement du minerai brun
de formation assez irrégulière. Dans la partie centrale de l'Oural (Mont Vysokoya) se trouvent d'énormes
gisements de minerai de fer magnétique et sur le
flanc oriental de cette montagne existent des dépôts
de minerai brun. La partie nord du Mont Blagodat a
été fortement exploitée et, par rapport aux deux
gisements ci-dessus mentionnés, elle n'a qu'une
importance secondaire. Jusqu'ici l'on n'a pas assuré
d'une manière ferme la production d'un fer de qualité supérieure, comparable à celui de Suède.

Au début du xixᵉ siècle, les usines de l'ancien
royaume de Pologne appartenaient au Gouvernement.
En 1815, elles produisirent 16.000 tonnes de fonte et
en 1829, 14.000. En 1839, les usines de Huta Bankowa,
construites par la Banque de Pologne et produisant

25.000 tonnes de fonte, ont appliqué pour la première
fois en Russie le procédé de la fonte au coke. Depuis
leur union douanière avec le reste de la Russie et l'ouverture de nouveaux marchés qui en a été la conséquence, les forges de Pologne ont pris de l'extension.
Dans ce district, la quincaillerie est spécialement
développée, ainsi que dans une certaine mesure la
construction mécanique. Le fer et l'acier sont également produits dans d'autres districts que ceux mentionnés comme fabriquant de la fonte. Ces régions
tirent surtout de la Russie méridionale la fonte dont
elles ont besoin. L'Oural n'en envoie presque pas.
Le centre de la Russie n'a dans certaines mines
locales que des hauts fourneaux de faible capacité
qui brûlent en partie de la houille, en partie du
coke.

La nomenclature ci-après donne en milliers de
tonnes, pour 1911 et par district, la production de
la fonte et des produits métallurgiques finis :

	Fonte.	Fer laminé.
Russie méridionale.	2.463	1.870
Oural ((Mines privées).	640	590
Oural ((Mines de l'Etat)	105	30
Royaume de Pologne.	365	377
Russie centrale	87	144
Région du Nord	—	220
Région du Haut Volga	—	126

On voit ainsi que l'Oural, qui produisait au début
du dernier quart du xixe siècle plus de 70 p. 100 de

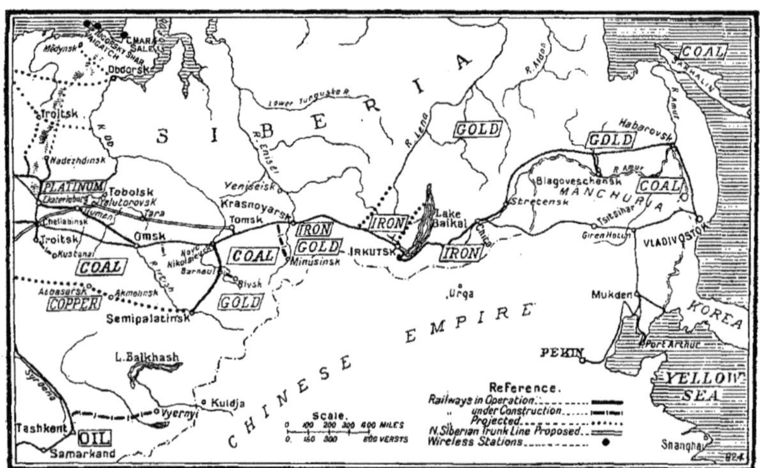

Ressources minérales de la Sibérie.

l'ensemble, vient maintenant bien après le sud de la Russie.

Ainsi qu'on pouvait s'y attendre dans un pays aussi vaste que la Sibérie, le minerai de fer s'y trouve en abondance ; les gisements sont bien connus des ingénieurs russes et ils les ont décrits assez complètement. Les plus importants, ceux qui très certainement retiendront l'attention dans un avenir prochain, sont les dépôts d'Abakan, de Nikolaicosky Zavod et de Petrovsky Zavod.

Les gisements d'Abakan, composés de minerai magnétique donnant 66 p. 100 de fer, sont situés près de Minusinsk, sur l'Iénisséi, à environ 483 kilomètres au sud de Krasnoyarsk. La rivière Abakan est un grand affluent de l'Iénisséi et offre un excellent moyen de transport pour le minerai. Le chemin de fer de Minusinsk donnera également des facilités et l'on trouve à portée de la houille susceptible de donner du coke. Les dépôts de minerai ont été exploités d'une manière irrégulière depuis 1885 et l'un d'eux, celui de Kini, a produit environ 130.000 tonnes de minerai magnétique. On considère les mines de Kini et d'Irbinski, de ce même district, comme contenant, autant qu'il a été possible d'en apprécier l'importance, environ 12 millions de tonnes de minerai. L'exploitation à grand rendement, par tranchées à ciel ouvert, est possible, car le minerai est disposé par couches successives. Les excavateurs de petites dimensions pourront être utilisés quand la situation du marché instituera la mise en exploitation de ces gisements.

Les gisements de Nikolaievsky Zavod sont situés sur l'Angara, qui sort du lac Baïkal. Ils se trouvent à environ 130 kilomètres au nord-ouest d'Irkoutsk où les matériaux sont transportés par vapeurs. Ces gisements consistent en dépôts de magnétite, hématite et limonite disséminés sur plusieurs centaines de kilomètres carrés de territoire, beaucoup d'entre eux ayant un accès facile au fleuve. En 1899, plusieurs millions de roubles furent consacrés à construire des fonderies modernes, pour l'installation desquelles on a utilisé des machines anglaises. L'intention des intéressés était d'opérer la fonte au charbon de bois. Le district est couvert de profondes forêts et le bois peut être librement abattu pour les mines. La houille de Tcheremkova, qui est la plus proche, est pauvre et ne peut pas fournir de coke. Ces minerais ont une haute teneur métallique (50 à 75 p. 100) et contiennent peu de phosphore, mais le moment de les exploiter n'est pas encore arrivé. Lorsque le marché garantira un débouché, il sera possible de produire un excellent fer au charbon de bois, ou bien les mines de houille du bassin du Kutznetsk pourront être exploitées économiquement pour l'établissement d'une fonderie de minerai. Il sera possible également ment d'envisager la production de la fonte par le procédé du four électrique; en effet, l'Angara, fleuve au cours rapide de 3.200 kilomètres de longueur, et

seul déversoir du Baïkal, est la meilleure force hydraulique dont on puisse disposer en Sibérie ; c'est
même à cet égard l'un des plus puissants cours d'eau
du monde. On sait que le bassin de la Léna contient
d'énormes dépôts de carbonate de fer enrobés dans
des lits de calcaire, mais comme ils sont dans les
vastes *toundras* du Nord et dans la région des forêts,
il n'est guère probable qu'ils aient une valeur économique.

La localité de Petrovsky Zavod, célèbre parce
qu'elle fut le lieu d'exil des « décembristes » sous le
règne de Nicolas Ier, est située directement sur la
ligne de chemin de fer, près de la ville de Chita.
Les mines y sont exploitées depuis 1788. Les dépôts
sont vastes ; les minerais mis à jour jusqu'ici sont
des oxydes rouges. On estime la production de 1790
à 1865, la période d'activité maxima, à environ
67.000 tonnes de minerai à 54 p. 100 de teneur métallique.

Il paraît que la concession renferme sur plusieurs
points de fortes quantités de minerais durs à magnétite restés à peu près inexploités jusqu'à présent.

Les riches veines de fer du Haut-Amour n'ont
encore subi que de faibles prélèvements. Vers 1899,
de larges concessions ont été accordées à plusieurs
entrepreneurs russes dans les environs de la baie
d'Olga, au nord de Vladivostock, mais ces concessions n'ont été exploitées que par intervalles et d'une
manière peu satisfaisante.

De nombreux gisements ferrifères ont été signalés dans des parties reculées de la Sibérie, mais ils sont situés dans des localités si éloignées qu'on n'a aucune perspective de leur voir acquérir dans un avenir prochain une importance au point de vue commercial.

CHAPITRE X

CUIVRE, MÉTAUX DIVERS, SEL

La production du cuivre fondu en Russie au cours des dernières années qui ont précédé la guerre, a atteint le chiffre de près de 30.000 tonnes. Jusqu'en 1906, la production totale était inférieure à 10.000 tonnes. Cette ascension si rapide de l'industrie du cuivre est due en premier lieu à l'énorme demande qui se manifeste en Russie et à l'existence dans le pays de gisements de minerais d'une très grande richesse. Mais il faut signaler encore cet autre stimulant très puissant, que fut la constitution en 1907 du Syndicat du Cuivre, dit « Med Syndicate », qui a groupé toutes les firmes et toutes les sociétés engagées dans cette industrie. Ce Syndicat est ainsi parvenu à répartir régulièrement le cuivre russe entre les différentes classes de consommateurs, d'après les qualités respectives de chaque catégorie de métal. Il a, en outre, donné une impulsion vigoureuse à la production du cuivre électrolytique.

L'industrie cuprifère est protégée en Russie par des droits de douane fort lourds, allant jusqu'à

80 francs par tonne. L'une des conséquences de ce droit protecteur est que le niveau des prix pratiqués pour le cuivre sur le marché russe est beaucoup plus élevé qu'à l'étranger, la différence étant presque égale au montant des droits de douane. Pendant ces dernières années, les capitaux britanniques ont joué un rôle prépondérant dans l'extension de l'industrie cuprifère de la Russie. On peut citer à titre d'exemple l'entreprise la plus puissante de Russie pour l'extraction et la fonte du cuivre, la « Kychtim Corporation », qui produit annuellement 9.000 tonnes environ.

La répartition du cuivre par centre de production est donnée par le tableau ci-après pour l'exercice 1913 :

	Pouds.	Tonnes.
Cuivre fondu dans l'Oural . .	997.000	16.000
— — au Caucase. . .	619.000	9.900
— — en Sibérie. . .	347.000	5.600
— — dans les usines électro-chimiques.	85.000	1.400

L'exploitation des mines de cuivre de l'Oural remonte au xviii° siècle. Pendant de nombreuses années, les mines bien connues de Demidov (Prince San Donato) et celles de Bogoslovsky furent les principaux points de production de cette région. Actuellement, la production annuelle des premières est de 2.000 à 2.200 tonnes, et celle des secondes de 4.200 tonnes. A noter cependant qu'en 1911-12 les

usines de Kychtim ont relevé leur chiffre et ont aisément pris la tête. Ces établissements, qui appartiennent à la « Kychtim Corporation », sont parvenus à
tirer d'anciennes mines à pyrites de cuivre, qui
avaient été abandonnées, une énorme production
sous la forme de cuivre électrolytique, qui est entièrement absorbée par la consommation intérieure.
Autrefois, le cuivre électrolytique constituait la majeure partie du cuivre importé en Russie. Indépendamment des usines Kychtim, il existe à Petrograd
des établissements qui s'occupent de l'électrolyse du
cuivre et bientôt de nouveaux fours seront montés
dans l'Oural.

Le succès des mines de Kychtim a conduit à la
formation d'autres Sociétés anglaises dans l'Oural.
Les plus importantes sont les Compagnies « Syssert »
et « Tanalyk ». La plupart des mines de l'Oural n'ont
été sondées que superficiellement, car les sondages
profonds coûtent si cher que même les grandes entreprises ne peuvent pas en supporter les frais. Les
capitalistes anglais ont été d'un grand secours à
l'industrie des cuivres dans l'Oural et la Sibérie
occidentale. Ils ont tenté l'aventure des prospections à de grandes profondeurs et y ayant découvert des gisements considérables de cuivre, ils ont
aisément fourni les ressources voulues pour doter
les mines et les usines de tout l'outillage moderne.

Dans le Caucase, la production du cuivre a commencé dès la conquête du pays par les Russes, mais

son extension est de date récente. Les mines de cuivre du Caucase sont bien souvent d'une richesse exceptionnelle, mais le manque de chemins de fer et d'autres moyens de transport en ont entravé le développement. Citons, par exemple, le district de Zangezursky, en Transcaucasie, connu pour ses vastes et riches gisements de cuivre, qui n'a encore à l'heure actuelle que des chevaux de trait pour assurer ses communications avec le chemin de fer voisin. Le Caucase est de toutes les régions cuprifères de Russie la mieux située au point de vue de l'exportation.

Les capitalistes anglais ont exploité en premier lieu les mines de cuivre de la Sibérie occidentale, dans la province d'Akmolinsk, où la « Spassky Copper Company », de formation anglaise, a acquis les usines et les mines bien connues qui appartenaient à Riazanov. Les conditions d'exploitation étaient loin d'être aisées. Les chemins de fer de la Sibérie occidentale qui sont projetés et qui seront construits à brève échéance, passeront tout près des mines Spassky et, selon une variante proposée au premier tracé, une ligne passera par les lieux mêmes. Cela fortifiera la situation de l'industrie du cuivre dans les steppes Kirghizes et les régions nouvellement ouvertes à l'exploitation. Il existe dans cette région et dans les steppes de la province de l'Iénisséi, de larges espaces riches en minerai de cuivre, en houille et autres minerais utiles, qui n'attendent pour entrer dans la vie industrielle que des circonstances favorables et l'arrivée d'hommes entreprenants.

Les établissements les plus récents créés en Russie sont équipés au moyen d'un outillage et d'appareils modernes, et les établissements de plus ancienne date, dont le nombre total est de 200 environ, perfectionnent petit à petit leurs installations ou remplacent leurs anciens appareils par de nouveaux. Ce fait est de bon augure pour l'avenir de cette industrie en Russie. Bien que l'étude géologique de la Russie soit loin d'être complète, il n'est pas douteux que son sous-sol renferme en abondance de riches minerais de cuivre. La Sibérie occidentale est particulièrement pleine de promesses à cet égard. Les districts de l'Altaï et de Semipalatinsk font dès maintenant l'objet de sondages exécutés sur une vaste échelle, par des entreprises intéressées à l'industrie du cuivre et qui paraissent avoir un brillant avenir.

Le cuivre de Sibérie sera naturellement absorbé par le marché national, et l'extension du réseau sibérien y contribuera en facilitant le transport des larges approvisionnements qui seront tirés du pays. La situation est différente dans le Caucase. Là se rencontrent toutes les conditions voulues pour organiser une puissante exportation de cuivre. Il y a encore beaucoup à faire, cependant, pour améliorer les communications dans les régions montagneuses, bien qu'il y ait déjà beaucoup de progrès à cet égard.

MÉTAUX DIVERS

Si grandes que soient les richesses minérales de la
Russie, l'industrie minière du pays ne saurait encore
être considérée comme ayant atteint son plein développement. La production annuelle du zinc atteint
à peu près la moitié de la quantité consommée dans
le pays. L'industrie du plomb est dans une situation
encore plus mauvaise. Il est fondu annuellement de
800 à 960 tonnes de plomb alors qu'il en est importé
plus de 48.000 tonnes. Le mercure n'est extrait qu'en
petite quantité, bien qu'autrefois la production en
était plus que suffisante pour la consommation indigène, le surplus allant à l'exportation. On ne produit
ni aluminium, ni nickel, ni cobalt, ni antimoine,
ni bismuth, ni d'autres métaux et, pourtant, l'existence en Russie de minerais qui en contiennent est
bien connue. Une pareille situation peut s'expliquer
par les conditions générales économiques qui prévalent en Russie. La somme des capitaux russes
placés dans les entreprises minières est faible, tandis
que les capitaux étrangers, provenant surtout jusqu'à ces derniers temps de France et de Belgique,
sont principalement engagés dans les entreprises
travaillant le fer, la houille, le pétrole et le cuivre.

Le zinc est principalement tiré de Pologne près
de la ville d'Olkusz, où l'on exploite depuis de nombreuses années des minerais de calamine. La composition géologique de ces minerais est semblable à

celle des minerais de Silésie. La production du zinc en Pologne atteint à peu près 8.000 tonnes par an. Un autre district produisant du zinc, bien qu'en moindre quantité, est celui de Vladicaucase, dans le Caucase, dont l'on tire 960 à 1.120 tonnes annuellement. Ce zinc est ici extrait de la blende. Tout dernièrement, une autre entreprise, la Compagnie Tétu-hé, a commencé à extraire du minerai de zinc dans la Sibérie orientale, sur les bords de l'Océan ; cette entreprise produit environ 24.000 tonnes de calamine, réservées à l'exportation. Le minerai provenant de Tétu-hé était primitivement vendu à la firme « Beer Sondheimer et C° », mais, dorénavant, il sera probablement livré à des fondeurs non allemands, comme c'est le cas pour le minerai de zinc d'Australie. Dans les profondeurs du sous-sol, le minerai devient un conglomérat de zinc et de plomb à basse teneur, et l'on procède à l'installation d'un vaste outillage pour concentrer l'extraction.

L'extraction du plomb est aussi pauvrement exploitée. Elle est confinée presque entièrement dans quelques localités du Caucase. On connaît pourtant d'autres régions possédant de riches minerais de plomb et de zinc, comme par exemple les gisements appartenant à l'ancienne Société Tersky, à l' « Elborus » et à d'autres. L'absence de facilités de transport et le manque de capitaux ont entravé le développement de ces entreprises, mais le Gouvernement ayant l'intention d'élever le taux des droits sur le

plomb et le zinc, il y a lieu d'espérer que cette industrie progressera rapidement dans le Caucase. On
peut aussi s'attendre à un rapide développement en
Sibérie occidentale, dans les districts de Semipalatinsk et d'Akmolinsk, c'est-à-dire dans le voisinage
de mines de cuivre de Spassky. Cette vaste région,
habituellement désignée sous le nom de « Steppes
Kirghizes », a été longtemps renommée pour ses
minerais de cuivre, de plomb et de zinc. La construction de la ligne principale de la Sibérie méridionale donnera certainement l'impulsion nécessaire
aux industries minières de ce pays.

L'Altaï, avec ses merveilleuses mines de cuivre, de
plomb, de zinc, d'argent et d'or a un avenir tout
aussi plein de promesses. Ces mines étaient primitivement exploitées par l'administration des Domaines Impériaux, dont elles sont la propriété. Leur
abandon a été amené par la destruction totale des
forêts, l'absence de tout autre combustible et la rareté
de la main-d'œuvre. Comme les autres mines de
l'Altaï, elles n'attendent pour reprendre leur marche
que de la main-d'œuvre, des fonds et l'achèvement
du chemin de fer dont elles recevaient le combustible
indispensable provenant du bassin du Kutznetsk.

Les gisements de zinc et de plomb de l'Altaï ont
été exploités de 1835 à 1860 par le Cabinet de l'Empereur, c'est-à-dire par une organisation chargée de
tirer parti des ressources minérales du domaine
privé de la Couronne. Ils sont aujourd'hui remis en

exploitation à l'aide de capitaux anglais. Au début
l'on extrayait surtout de l'argent de ces gisements et
le plomb n'était qu'un sous-produit. Comme nous
l'avons déjà signalé dans notre chapitre sur l'or, les
minerais de la grande mine Ridder ont une importante teneur en or ainsi que beaucoup de zinc. Une
Société anglaise, la « Russian Mining Corporation »,
a récemment acquis les anciennes mines de Zmeino-
gorsk et de Ziryanovsk, situées dans le même district
de l'Altaï méridional. Cette Société a entrepris une
prospection intensive de ses terrains et l'on croit
qu'elle a trouvé de grands gisements, contenant des
minerais à haute teneur métallique dont l'exploitation serait rémunératrice.

On peut prédire à cette région un brillant avenir
dans l'extraction des métaux communs, car le district de l'Altaï contient plus de 400 dépôts de minerais de plomb argentifère, sur lesquels on a plus ou
moins travaillé, et un bien plus grand nombre
d'autres qui n'ont pas encore été explorés : les méthodes modernes de concentration, de fonte et de
réduction des minerais permettent de résoudre des
problèmes du traitement des minerais qui étaient,
il y a quelques années encore, à peu près insolubles,
même pour les pays les plus avancés en sidérurgie
pratique. Les minerais de l'Altaï à composition com-
plexe n'offrent plus qu'un faible obstacle aux procédés modernes d'usinage.

En parlant de l'industrie russe du zinc, du plomb

et, conséquemment, de l'argent, on ne saurait oublier le district de Nerchinsk, qui a été longtemps célèbre pour ces métaux dont il fournissait des quantités considérables. Là aussi les difficultés de transport ont entravé la progression.

Passons maintenant aux autres minéraux. Des dépôts de graphite ont été découverts et une Société s'est constituée pour les exploiter. Une installation complète pour le travail du mercure se trouve en service dans le bassin du Don. Il existe des dépôts de ce métal dans le nord de l'Oural et l'on en connaît quelques-uns dans le Caucase.

Plusieurs entreprises qui donnent des espérances se sont installées dans la province de l'Amour. Nous avons déjà mentionné la « Tétu-hé Company » qui exploite les filons de zinc et de plomb argentifère sur les bords de la rivière Tétu-hé, qui se jette dans la baie du même nom, dans la Manche de Tartarie. De 1907 à 1910, il a été extrait de ces mines environ 44.800 tonnes de minerai de zinc et de plomb argentifère, ainsi que 38 tonnes de minerai de cuivre. En 1911, on a remonté les quantités de minerais suivantes : zinc, 24.030 tonnes ; plomb argentifère, 4.451 tonnes ; cuivre, 72 tonnes. Ces mines sont bien équipées et possèdent des habitations confortables pour le personnel, des hôpitaux, des bureaux et des magasins. Pour faciliter le transport du minerai, un chemin de fer léger d'une longueur de 38 kilomètres a été construit, avec un câble transbordeur reliant les mines à la gare terminus.

Le mica se trouve en grande quantité le long de l'Iénisséi et de la Léna. Il commence à attirer l'attention en raison de la dimension des plaques qu'on obtient. Ce minéral était autrefois abondamment employé par les premiers colons du district, qui en faisaient des vitres pour les fenêtres de leurs cabanes. Des dépôts intéressants de wolfram se trouvent en Sibérie dans le district de Nerchinsk.

L'asbeste existe également en quantités importantes dans l'Oural. L'on trouve dans différentes régions de l'Empire le tungstène, l'osmium, l'iridium, le talc et des phosphates.

Il est impossible, dans le cadre étroit de cette étude, d'énumérer tous les gisements de minerais de Russie. Il peut toutefois être intéressant de mentionner que la Russie importe annuellement pour plus de 62.500.000 francs de métaux. Si l'on considère ce chiffre par rapport aux immenses richesses minérales du pays, et surtout si l'on tient compte de la politique du Gouvernement tendant à protéger les industries indigènes, on arrivera, comme nous l'avons déjà indiqué, à cette conclusion que la Russie a un brillant avenir minier en perspective.

SEL

Il existe un grand écart entre les ressources en sel de la Russie et sa production. Les études géologiques ont montré depuis longtemps qu'il y a dans diverses parties de l'Empire Russe des masses de sel intactes, qu'il existe dans la province d'Astrakan et en Sibérie des lacs dont l'eau a une teneur considérable en sel, et que le sel gemme constitue d'immenses gisements dans le Caucase et l'Oural. On n'a pas encore prospecté de vastes contrées que l'on soupçonne de recéler du sel. Les sondages exécutés dans ces dernières années pour découvrir du pétrole dans la région Oural-Caspienne, ont révélé la présence de centaines de millions de tonnes de roches salines (districts de Gouriev et d'Emba). De récents calculs montrent que les ressources en sel de la Russie sont susceptibles de faire face pendant des siècles aux besoins du monde entier. Malgré cette constatation, la production du sel en Russie est à peine suffisante pour couvrir la consommation relativement modérée de l'Empire et c'est à l'avenir qu'il appartient de développer ces ressources souterraines.

En 1880, la Russie n'a produit que 750.000 tonnes de sel. En 1900, la production s'est élevée à 2.000.000 de tonnes et en 1912 à 2.250.000 tonnes. Toutefois, l'accroissement dans la production du sel a été flottante et irrégulière depuis 1900 et elle n'a pas suivi une marche aussi rapide que l'on aurait pu l'escompter. Les fluctuations ont porté principalement sur la production des districts des lacs salés et elles sont dues à diverses conditions climatériques.

Les plus grands centres de production sont situés

dans la province d'Astrakan, près du lac Baskunchak, dans la province de Perm, dans les districts de
Bakhmout et de Slaviansk, enfin en Crimée. Ces
centres approvisionnent les marchés du nord et du
nord-est de la Russie. D'autres régions moins productives en sel, situées en Sibérie, dans le Caucase, l'Asie centrale et la Pologne, fournissent les
marchés locaux. La moitié à peu près de la production
russe provient des lacs de Baskunchak et de la Crimée. Dans cette presqu'île la situation climatérique
n'a pas été favorable à la production dont la baisse
s'accentue d'année en année, et la production en
sel d'origine lacustre repose presque entièrement
sur le rendement du Baskunchak dont la richesse
est exceptionnelle, car il a donné 600.000 tonnes
de sel en 1912 et n'accuse aucune trace d'épuisement.

Bien que la production du sel par les eaux des
lacs soit la plus économique, l'irrégularité des résultats obtenus porte les industriels intéressés à ne pas
négliger l'extraction donnée par ébullition et par les
roches salines. Le procédé par l'ébullition est principalement appliqué dans les districts de Perm et de
Slaviansk. Le premier de ceux-ci, situé près de l'Oural, est depuis le moyen âge un centre de production.
Il fournit environ 19 p. 100 du total du sel extrait
dans l'Empire, sa production moyenne étant de plus
de 300.000 tonnes par an. Le district de Slaviansk
est dans le sud de la Russie, dans la région indus-

trielle du Donetz. La production s'accroît rapidement ; de 60.000 tonnes qu'elle était il y a quelques
années, elle a atteint 130.000 tonnes en 1912. Au
cours de cette dernière année, on a ouvert trois
grandes salines munies des machines les plus
modernes et d'appareils à vide, le tout établi pour
une production de plusieurs centaines de mille
tonnes.

La branche la plus prospère, et celle qui a le plus
d'avenir en Russie, c'est l'industrie du sel gemme,
dont 85 p. 100 proviennent du district de Bakhmout,
dans la Russie méridionale. La production moyenne
et annuelle de sel de ce district a été de 500.000 tonnes en 1901-1905, de 560.000 tonnes en 1906-1910, et
elle a dépassé 600.000 tonnes en 1912. Deux nouveaux
puits ont été foncés dans le district de Bakhmout,
vers la fin de 1912, ce qui a porté la production totale
du district à environ 800.000 tonnes en 1913. Le
traitement du sel gemme est moins coûteux que le
procédé par l'ébullition et, d'autre part, le district
de Bakhmout bénéficie du même marché favorable et des mêmes conditions de transport que
l'industrie de Slaviansk. C'est donc dans l'inten-
sification de l'extraction du sel gemme que réside
l'intérêt capital de l'industrie. Le district de Bakhmout est en exploitation, et celui de l'Emba le sera
bientôt.

Le prix du sel est en hausse. Le sel de Perm était
coté sur le marché de Nijni-Novgorod :

		Francs.
En 1907 la tonne		27,10
1908 —		31,50
1909 —		31,70
1910 —		32,40

Le sel d'Astrakan a monté pendant la même
période de 24 fr. 30 la tonne à 27 fr. 50 et 31 fr. 25 la
tonne. L'industrie du sel en Russie dépend beaucoup de l'État, qui est propriétaire de la moitié des
points de production et qui extrait plusieurs centaines de mille tonnes. L'État accorde des licences
d'exploitation moyennant une certaine redevance
par poud de sel extrait. Il a, en outre, le droit d'obliger les maisons intéressées à vendre la totalité de
leur production au Gouvernement moyennant un
prix fixé.

Le district de l'Amour, grand centre de pêcheries,
et par conséquent gros consommateur de sel, importe les quantités dont il a besoin du Japon, de
la Chine et surtout d'Allemagne. Ses importations
dépassent 500.000 tonnes. Les firmes russes des
pays du Sud et de Sibérie n'ont pas réussi à parvenir
jusqu'à ce débouché qu'offre pour le sel la province
de l'Amour, tant à cause des prix élevés du transport
que de leur insuffisance commerciale. L'abaissement des tarifs de chemins de fer permettra au sel
russe d'arriver sur le marché de l'Extrême-Orient.

CHAPITRE XI

AGRICULTURE. CÉRÉALES. FRUITS
ET LÉGUMES

D'une façon générale, et sans tenir compte des
éléments particuliers introduits dans la situation
par la guerre, la Russie fait ses débuts dans l'arène
agricole du monde à un moment extrêmement favorable. Les pays de l'Europe Occidentale et l'Angleterre ont acquis une somme d'expérience extraordinaire de l'agriculture et de son organisation. La
construction des machines agricoles a progressé
comme il convient et l'on a réussi à créer des races
exceptionnelles de bestiaux et de moutons, de vaches
laitières et de volailles. On a combiné des arrangements excellents pour la conservation des produits
agricoles, depuis les entrepôts frigorifiques jusqu'aux
élévateurs de grains. Les transports ont été organisés et les marchés centraux régularisés. Enfin,
l'on a accumulé les statistiques sur tous les genres
de production et de ventes. Pour couronner le tout,
les cours des produits agricoles étaient, même avant
la guerre, extrêmement élevés et avaient une ten-

dance quotidienne à la hausse. Les marchés du monde accusaient une pénurie de viandes, de bois d'œuvre et de coton. Toutes ces circonstances sont favorables à la Russie. C'est un coup de fortune que de pouvoir commencer là où d'autres vont s'arrêter ou même se sont déjà arrêtés. C'est là le point de vue fondamental auquel il convient de se placer pour étudier l'agriculture russe.

Les trois quarts de la population trouvent dans la culture leurs principaux moyens d'existence et la production agricole s'accroît très rapidement. En 1895, sa valeur atteignait à peine 10 milliards de francs ; en 1910, elle dépassait déjà 22 milliards et demi.

Sur ces sommes les céréales comptaient respectivement pour 6 milliards et demi et 12 milliards 250 millions de francs.

Le tableau ci-dessous montre l'accroissement de l'exportation des produits agricoles :

| | 1895 | | 1910 | |
| | Millions de | | Millions de | |
	roubles	francs	roubles	francs
Céréales.	333	885,8	750	1.995
Bois.	40	106,4	138	367,1
Œufs	20	53,2	64	170,2
Produits de laiterie.	3	8	53	141
Divers.	209	556	245	651,7
Total.	605	1.609,4	1 250	3.325

On peut ajouter que la Russie occupe une place

très exceptionnelle dans le monde pour la culture des céréales.

On estime que la Russie récolte, par rapport à la production mondiale, 51 p. 100 du seigle, 25 p. 100 de l'avoine, 33 p. 100 de l'orge et 22 p. 100 du froment.

Une autre preuve de l'importance particulière de l'agriculture en Russie nous est donnée par ce fait que les matières premières d'origine agricole représentent une valeur de 5 milliards de francs, sur celle de 12 milliards et demi à laquelle est estimée la production industrielle totale du pays.

Le territoire de la Russie est d'une étendue énorme. Il comporte, en effet, 163 degrés géographiques de l'ouest à l'est et 35 degrés du nord au sud. La Russie jouit de toute une gamme de climats, depuis les régions polaires, où vivent les animaux à fourrure, jusqu'aux régions sous-tropicales, où l'on peut cultiver commercialement des fruits et des plantes comme les mandarines, le thé et le bambou. Le sol n'offre pas moins de diversité. Dans tout le sud de la Russie et les provinces centrales, il y a une couche épaisse de terre noire, et dans le Turkestan, sur une énorme étendue, cette couche est encore plus dense. Ce sol est d'une fertilité exceptionnelle et on peut le cultiver pendant des années sans avoir besoin de recourir aux engrais artificiels.

En ce qui concerne la nourriture du bétail, la Russie se trouve bien partagée quant à la production du foin, donné en grande partie par les prairies et

les steppes. Il est regrettable que les affouragements
très nutritifs comme le maïs, le son, le chènevis et
la graine de lin soient peu pratiqués en Russie et
que ces produits soient, pour la plus grosse part,
exportés à l'étranger. Toutefois, aucune autre contrée au monde ne renferme encore autant de prairies, et par conséquent aucune n'est aussi favorable
que la Russie à l'élevage du bétail.

On ne saurait que regretter de voir apporter en
Russie aussi peu d'attention aux races anglaises,
dans la question de l'amélioration des différentes
races d'animaux de ferme. Le moment actuel serait
bien choisi pour les éleveurs anglais qui désireraient
faire connaître en Russie par la voie de la publicité
les excellentes qualités de leurs bestiaux et de leurs
moutons.

Tout récemment encore, les paysans russes vivaient
en groupes dans des villages, propriétaires de terrains de culture communs. Afin de placer les paysans
sur un pied d'égalité, la surface totale du terrain
appartenant à une même communauté était divisée
en un grand nombre de parcelles dont chaque propriétaire en recevait plusieurs. De plus, à l'expira-
tion d'un certain laps de temps, un, deux ou trois ans,
le terrain était partagé à nouveau et des lots étaient
attribués à d'autres personnes. Ce système rendait
impossible l'application de procédés rationnels de
culture. Ce fut la raison qui eut le plus de poids
pour amener le Gouvernement à étudier la question

de la réforme agraire, afin d'attacher chaque famille de paysans à une ferme qui lui soit propre. Dans différentes régions de la Russie, notamment dans le sud, où la population est aisée, tout paysan jouissant d'une situation prospère s'efforce d'acquérir une ferme qui soit sa propriété, afin de travailler d'une manière indépendante, sans avoir à s'inquiéter de ses voisins. Prenant cet exemple pour base, le Gouvernement décida d'étendre et d'organiser ce système. Bien que la réforme agraire ait trouvé la Russie mal préparée et dépourvue de l'organisation nécessaire, l'œuvre fait des progrès constants et déjà deux millions de paysans se sont installés dans des fermes leur appartenant.

Comme chacun sait, la Russie a cela de commun avec toutes les jeunes contrées agricoles qu'elle n'a pas encore atteint l'ère de la culture intensive. Néanmoins, le Gouvernement a déjà fait beaucoup pour encourager la culture scientifique et il a donné des encouragements pécuniaires sous diverses formes. Le résultat des encouragements accordés c'est qu'il existe aujourd'hui 10.000 spécialistes et leurs suppléants qui aident ceux qui se consacrent à l'agriculture. Les écoles d'agriculture moyennes et supérieures attirent un grand nombre d'étudiants. Un autre symptôme de l'attention donnée à l'agriculture, c'est qu'il se publie aujourd'hui en Russie plus de quarante journaux agricoles.

Le Ministère de l'Agriculture comporte plusieurs

départements chargés de traiter les questions les plus importantes et l'on a accordé une attention particulière à la réforme agraire. Jusqu'ici, cette réforme n'a été appliquée que très lentement par suite du manque de fonds, mais la Douma a voté dernièrement un crédit spécial de 375.000.000 de francs, connu sous le nom de fonds de la réforme Romanov. Il faut donc espérer que la réalisation de cette réforme va être maintenant poussée plus rapidement.

On pourrait aborder beaucoup d'autres questions touchant à la politique agraire du Gouvernement, mais il suffira de résumer les tendances de cette politique dans les quatre alinéas suivants :

1° L'augmentation du nombre des petites fermes, car ce système est universellement reconnu comme le plus avantageux pour l'individu et, par conséquent, comme le plus désirable au point de vue de l'État ;

2° Le transfert des petits propriétaires des districts à population dense, où le prix du terrain a beaucoup augmenté, dans d'autres districts peu habités et offrant des conditions favorables à l'exploitation des fermes et l'élevage du bétail sur un excellent sol vierge ;

3° La mise en valeur de terrains fertiles qui, jusqu'à présent, ne rapportent rien à l'État ;

4° La substitution à la propriété communale de la propriété individuelle, celle-ci étant plus favorable à tous égards, tant pour le propriétaire que pour l'État.

La Russie colonise de nos jours trois régions distinctes : la Sibérie, le Turkestan et le Caucase. Elle prend en même temps toutes les mesures utiles pour assurer à sa colonisation un plein succès sous tous les rapports. Il reste cependant à faire beaucoup de choses dont l'on s'occupe dès maintenant. Prenons, par exemple, le côté financier du problème. L'organisation d'un crédit agricole peu onéreux est l'un des plus grands besoins de l'État. L'insuffisance de numéraire disponible empêche le progrès, car elle entrave l'application de procédés de culture perfectionnés. L'organisation du petit crédit est, en effet, de date tout à fait récente. Jusqu'à présent, l'on n'a pas organisé du tout l'écoulement des produits agricoles, et celui-ci reste en son entier entre les mains d'intermédiaires qui retiennent une forte fraction de l'argent qui devrait aller directement aux producteurs. Toutefois l'on commence déjà à comprendre en Russie l'importance de la coopération, mais, jusqu'à maintenant, elle n'a été appliquée avec succès que dans deux districts : les provinces baltiques et la Pologne. Dans les autres parties de la Russie, le mouvement coopératif est toujours très faible. Il est devenu indispensable de faire une active propagande en sa faveur. Il faut lui donner de l'extension, le développer, le fortifier et, avant tout, l'organiser. C'est au ministre du Commerce et de l'Industrie qu'incombe cette tâche.

CÉRÉALES

« Son Excellence la Moisson » est, comme M. Kokovtsof l'a justement démontré, la plus haute autorité
des finances russes. Il est certain, en effet, que la
récolte en blé est le facteur déterminant de la balance
commerciale du pays, de son développement économique et de son activité politique et sociale. La
production à l'hectare reste encore fort au-dessous
de celle des pays les moins fertiles d'Europe et la
qualité défectueuse du froment et de l'orge exportés
est la cause d'une lourde perte, due au défaut de
surveillance et à l'emploi de procédés surannés de
manutention. Des observateurs compétents estiment
que par l'extension de la surface cultivable, l'emploi
de semences sélectionnées, des assolements judicieux,
un outillage moderne, et un système bien compris
d'élévateurs de grains, rien ne saurait empêcher la
Russie de produire régulièrement, tout en satisfai-
sant aux besoins nationaux, un excédent de céréales
beaucoup plus important que la quantité actuellement exportée.

Avant 1860, c'est-à-dire avant la libération des
serfs et la construction des chemins de fer, le commerce des grains en Russie était presque entièrement
intérieur. Il consistait uniquement à approvisionner
le « Nord affamé » au moyen du produit des « terres
noires » appartenant aux gros propriétaires fonciers.
C'était un trafic qui se faisait lentement par la voie

fluviale. L'exportation du blé est graduellement devenue la pierre angulaire des finances russes, grâce à la construction des chemins de fer et à la politique fiscale inaugurée par Vychnegradski en 1887. En 1882, 15 p. 100 de la récolte étaient exportés ; en 1891, la proportion avait monté à 22 p. 100. La politique du Gouvernement était parvenue à établir la balance commerciale, mais elle avait temporairement détruit la balance de l'existence économique du paysan. Pendant l'année de famine de 1897, Schavanebach estima les exportations au quart de la récolte totale de l'Empire.

Même maintenant, en calculant la marge laissée à l'exportation, le Comité Central de Statistique de Petrograd estime à 5 quintaux et demi par tête la quantité de blé nécessaire à la consommation indigène. Cette quantité est fort au-dessous de celle prévue dans les autres pays civilisés, et elle est juste égale à la moitié de celle que réserve le Gouvernement pour chaque soldat russe.

Les céréales sont exportées de Russie presque exclusivement sous la forme de grains, au grand détriment de la minoterie russe.

L'exportation du blé occupe la première place comme tonnage et comme valeur, mais, dernièrement, l'exportation de l'orge a marqué un progrès. L'exportation du blé éprouve des fluctuations en rapport avec la récolte mondiale, mais celle de l'orge s'accroît d'année en année. Ainsi, l'exportation du blé a été de 2.256.000 tonnes en 1907, et de 1.440.000 tonnes en 1908. Elle s'est élevée à 5.024.000 tonnes en 1909 et à 6.000.000 de tonnes en 1910, ces deux dernières années correspondant à une récolte déficitaire en Amérique et dans l'Europe occidentale. En 1911, les statistiques n'accusent que 3.840.000 tonnes. Par contre, l'exportation de l'orge pendant ces mêmes années a montré une progression constante, soit, en millions de tonnes : 2,1 — 2,6 — 3,5 — 3,9 et 4,2 millions de tonnes respectivement.

L'exportation des autres céréales est relativement insignifiante. Faisons remarquer que la Russie expédie à l'étranger la moitié de sa récolte de maïs, le tiers de son blé, 40 p. 100 de son orge, plus de 10 p. 100 de son avoine et 5 p. 100 de son seigle.

La Russie est loin d'être le pays qui produit le plus de céréales, et elle doit fréquemment céder la première place aux États-Unis et à l'Argentine. Dans certaines années de faible récolte, son exportation de blé est tombée à 11,5 p. 100 de l'exportation mondiale. Ce fut le cas en 1908 et 1912, années où la récolte qui s'annonçait splendide a été perdue par des pluies persistantes et des gelées prématurées. Ce n'est que dans des années exceptionnelles comme 1909-1910 que l'exportation du blé a conquis le premier rang et atteint 40 p. 100 de l'exportation mondiale. Les céréales russes vont principalement en Allemagne et en Angleterre. Avant la guerre, ces exportations en Allemagne avaient augmenté graduellement et le tonnage se stabilisait rapidement. Pendant la décade qui s'est terminée en 1889, la moyenne annuelle des exportations en Allemagne était de 210.000 tonnes; au cours de la décade qui a pris fin en 1899, elle a atteint 483.000 tonnés, et dans la décade qui s'étend jusqu'en 1910, elle a été de 810.000 tonnes. On voit donc que les exportations de blé de la Russie en Allemagne ont augmenté pendant les trente dernières années beaucoup plus que celles des autres pays, notamment des États-Unis. L'augmentation pour la Russie est de 362 p. 100 contre 330 p. 100 pour les États-Unis. La valeur des exportations de blé russe en Allemagne s'est élevée pendant la période de cinq ans finissant en 1904 à 475 millions de francs; celle du blé des États-Unis, pendant la même période, était de 565 millions de francs. Entre 1905 et 1909, l'exportation russe a atteint 725 millions de francs (augmentation de 51 p. 100) et l'exportation des États-Unis est tombée à 262 millions et demi (diminution de 31 p. 100). Le marché allemand est aussi fort important pour l'orge russe. Les exportations des États-Unis baissent, tandis que celles de la Russie montent. Sur le total de l'orge importée en Allemagne, 90 p. 100 viennent de Russie. Quant aux exportations de Russie en Angleterre, il y a eu des flottements pour le blé pendant la période de 1887 à 1910, le tonnage variant de 125.000 tonnes (1889) à 1.145.000 (1910). Ces chiffres sont insignifiants par rapport au total des importations anglaises

en froment qui ont varié dans ces mêmes années de
3.950.000 à 5.950.000 tonnes. En 1912, l'exportation
a été de 923.000 tonnes.

La Russie ne fournit du blé à l'Angleterre que
lorsque les États-Unis et l'Argentine ne peuvent pas
le faire ou quand les prix du marché russe sont particulièrement bas, comme ce fut le cas vers 1890,
vers 1895 et au cours de la dernière décade.

Il est regrettable que bien qu'elle soit l'un des
plus grands producteurs de céréales, la Russie ne
puisse pas avoir sa place propre sur le marché du
monde, surtout sur celui du Royaume-Uni qui est si
intéressant. La raison principale est l'absence d'organisation du commerce des grains. Le commerce
est entre les mains de milliers de petits traitants qui
achètent uniquement pour spéculer, sans se soucier
de créer un courant d'affaires stable et permanent.
Du reste, les céréales russes, actuellement fournies
par les paysans et les propriétaires fonciers, ne sont
pas concentrées entre les mains de grosses entreprises commerciales, mais au contraire dispersées
dans les entrepôts des commerçants. En examinant
la situation, on voit ainsi que lorsque de fortes quantités de grains se trouvent accumulées, elles ont
passé par plusieurs mains dont chacune a prélevé
un bénéfice. Il en résulte que le producteur reçoit
un prix inférieur à celui qu'il devrait obtenir. Le
besoin d'argent le presse et l'oblige à vendre sa
récolte sans délai. En raison du manque de bonnes

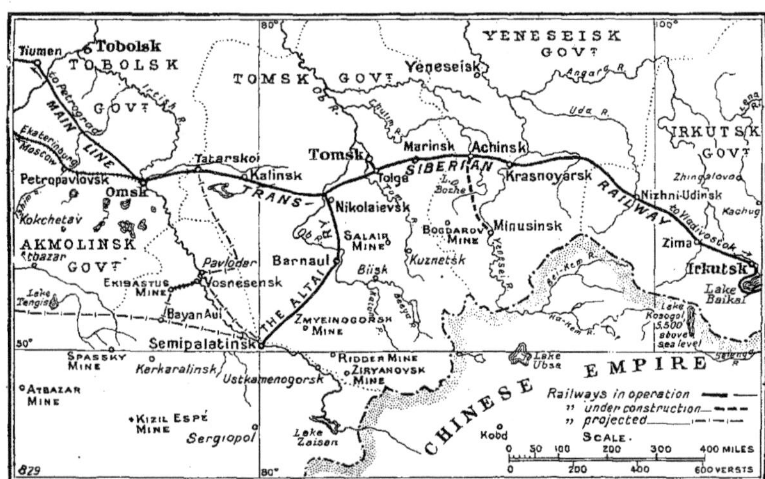

Le Transsibérien : section occidentale.

routes, de l'éloignement des gares de chemins de
fer, et de l'ignorance où sont les producteurs des
prix pratiqués sur le marché, ces derniers sont entièrement à la merci des petits trafiquants. Ceux-ci
se hâtent, à leur tour, de passer leurs achats,
avec le minimum de profit, à de plus gros commerçants disposant d'entrepôts pour les grains. La con-
fusion et les à-coups qu'entraîne un pareil système
occasionnent des retards et des engorgements dans
les centres de l'intérieur et dans les ports. Comme les
provinces centrales ne possèdent pas d'élévateurs,
les grains sont expédiés.hâtivement sur les ports de
mer, puis à l'étranger. Les acheteurs d'outre-mer,
recevant ainsi à un moment donné plus qu'ils n'ont
besoin, baissent leurs prix et ensuite cessent tout
achat.

Le caractère hasardeux et spéculatif que revêt le
commerce des blés russes met les banques dans l'impossibilité de faire plus qu'elles ne font au point de
vue des avances sur connaissement. La Banque
d'État a cependant toujours essayé de pallier les difficultés du commerce des grains. Elle consent des
avances, soit sur les grains qu'elle met en entrepôt,
soit sur ceux qu'elle laisse à la garde de l'emprunteur.
Mais le manque de greniers spécialement affectés
à l'entrepôt des céréales a pour conséquence que
les avances de la Banque sont faites en réalité sur
une garantie qui ne dépasse pas la responsabilité
individuelle de l'emprunteur. Ainsi, la Banque

d'État, dont le chiffre annuel d'affaires, avances et escompte, est de 10 milliards à 12 milliards et demi de francs, ne donne pas plus de 250 millions par an à titre d'avances sur les grains.

Dans le but de surmonter quelques-uns de ces désavantages, il avait été proposé avant la guerre de construire pour l'automne de 1916, dans les provinces du sud-est de la Russie d'Europe, un réseau de quatre-vingt-quatre greniers susceptibles de recevoir 940.000 tonnes, dont 687.000 tonnes dans les gares de chemins de fer et 253.000 dans les stations fluviales. Un crédit de plus de 100 millions de francs avait été affecté à ce projet, dont 82.500.000 francs devaient être réservés à la construction et à l'équipement des greniers (en moyenne 64 kopecks par poud, soit environ 0 fr. 10 par kilogramme) et 18.750.000 francs devaient servir à la construction de voies de garage et de routes d'accès. Quatre grands greniers ont déjà été construits et ouverts au public dans les gares suivantes : Griazi (27.200 tonnes). — Valuyki (8.000 tonnes). — Tolokay (4.800 tonnes). — Abdulino (11.200 tonnes). Neuf autres greniers viennent d'être mis en service et vingt-huit sont en construction. Lorsque la série sera complète, on projette d'en construire une autre dans la région du Don, à travers laquelle les grains sont dirigés sur les ports de la mer Noire et de la mer d'Azov, ainsi que dans le Caucase et la Sibérie occidentale. Les terrains sur lesquels ces greniers seront édifiés sont déjà acquis. La Banque d'État, à qui revient l'initiative du projet, étudie en même temps la construction de vastes entrepôts de distribution dans les centres comme Moscou, Rybinsk et Iaroslav. Naturellement, les greniers proposés par la Banque d'État sont en nombre insuffisant. Le mieux qu'on puisse en attendre, c'est la possibilité de loger du quart à la moitié de la récolte en grains d'une région donnée.

Malgré cela, on ne saurait s'exagérer leur importance et il est certain que l'expérience acquise conduira à de nouvelles améliorations pour l'avenir.

L'arrêt des exportations russes provoqué par la guerre a eu un effet très sérieux sur le commerce des grains. La moisson de 1914, bien qu'inférieure à celle de 1913, était au-dessus de la moyenne des cinq années précédentes. Elle était estimée à 3.280.300.000 pouds (52.000.000 tonnes) contre 3.563.100.000 pouds (57.000.000 tonnes) moyenne de 1910-14. La frontière occidentale étant fermée de même que les ports du Sud, l'excédent de la récolte sur la consommation indigène, qui est exporté en temps normal, n'a pas pu être utilisé, malgré l'augmentation de consommation due à l'Armée. On estime que la récolte de 1915 est encore plus forte que celle de 1914 — 4.075.400.000 pouds (65.000.000 tonnes), la surface emblavée étant à peu près la même que l'année précédente,

FRUITS ET LÉGUMES

Le jardinage d'ornementation n'est que partiellement développé en Russie. L'aménagement des perspectives est à peine connu. Mais, d'autre part, la culture maraîchère a fait de bons progrès. Le centre de
cette culture est la ville de Rostov, dans la province
de Iaroslav, où l'on s'occupe aussi du séchage artificiel des fruits et des légumes pour la vente sur les
marchés. Tous les maraîchers de Petrograd et de
Moscou viennent de Rostov. Les marchés aux légumes
de ces deux villes peuvent être comparés avantageu-
sement aux marchés étrangers. La région est sans
rivale pour la culture du chou, le légume national
des Russes.

Dans les districts du nord et du centre de la
Russie, la culture maraîchère est pratiquée par les
gens du pays, mais dans le sud de la Russie cette
culture est entièrement exercée par des Bulgares. Il
existe une branche spéciale de culture très développée dans les régions du sud, en Transcaucasie et
aussi sur les frontières sud de la Russie d'Asie, c'est
celle du melon de champ. La surface consacrée en
Russie à la culture des melons et des pastèques est
la plus vaste de tous les pays d'Europe. La consommation des pastèques en Russie est considérable;
malheureusement la saison est courte, et ne dure que
deux mois. Les provinces de Saratov et d'Astrakhan
produisent les meilleures espèces; elles ont le mono-

pole de la fourniture aux deux capitales et à d'autres grandes villes. Les meilleurs melons proviennent du sud-est, de la Transcaspienne, de l'Asie centrale et de la Transcaucasie. Parmi eux se trouvent des melons d'hiver, qui sont devenus rapidement populaires sur les marchés métropolitains où ils ont commencé à apparaître. Il n'est pas douteux qu'ils seront bientôt demandés aussi par les marchés étrangers.

Depuis trente ans, l'arboriculture fruitière s'est considérablement développée. Elle était exercée depuis longtemps déjà comme une affaire commerciale dans les régions jouissant d'un climat favorable et particulièrement en Crimée. De cette presqu'île les fruits sont dirigés sur les principaux marchés de l'intérieur : Petrograd, Moscou, Odessa, Kiev, Kharkov, etc... Dans les années favorables, les jardins et les vergers des vallées criméennes, de Kacha, Balbek, Salgir, Alma, etc..., produisent 16.000 tonnes de pommes et de poires, sans compter les raisins, les noix et autres fruits. Les fabriques de conserves de fruits font des affaires de plus en plus importantes. La culture des arbres fruitiers en Crimée exige une irrigation constante. La Bessarabie et la Podolie ont commencé à concurrencer les fruits de Crimée, et si leurs produits ne sont pas d'une aussi fine qualité, ils sont, par contre, beaucoup plus abondants. Ces régions fournissent notamment une grande quantité de pruneaux. Les régions de la Circaucasie, de la mer Noire, de la Caspienne et de la Transcaspienne produisent des quantités considérables de fruits et de raisins.

En Asie centrale les conditions ne sont pas favorables à la culture des fruits; toutefois, certaines localités reçoivent des pluies ou possèdent un système d'irrigation; elles sont devenues par ce fait de véritables oasis où des vignes en abondance produisent des raisins de qualité supérieure. Quelques villes des régions de Ferghana, de Bokhara et de Khiva sont littéralement couvertes de verdure. On y produit largement des amandes, des pistaches et des grenades. Aux expositions de fruits qui ont eu lieu à Petrograd pendant ces dernières années, les beaux fruits et les raisins de Tachkent ont excité l'admiration des amateurs par leur volume exceptionnel et leur saveur. L'arboriculture fruitière s'est également développée dans le sud de la Russie, la Nouvelle Russie, la Petite Russie et les régions voisines. Grâce à des étés secs et chauds, ces régions sont particulièrement favorables à la culture des prunes, cerises, abricots et, dans une certaine mesure, à la culture des pêches.

Le vaste district de la Volga produit une énorme quantité de pommes du pays de variétés diverses et très rustiques. On y trouve aussi un peu de prunes. Les paysans se consacrent volontiers à la culture des fruits dans la région centrale de la Volga, particulièrement dans les provinces de Simbirsk, de Samara et de Saratov.

Ils exportent des pommes en Sibérie, où il n'y a pas de vergers. Dans le sud, le long de la Volga, dans la province d'Astrakhan et le territoire des cosaques du Don, il existe de grands vignobles dont le produit est envoyé sur les marchés métropolitains. La culture des fraises, des framboises, des groseilles et des autres petits fruits est principalement concentrée autour de Petrograd et de Moscou.

Le nombre des pépinières d'arbres fruitiers a décuplé depuis trente ans. Un commerce spécial a maintenant pour objet la vente des greffons et des scions d'arbres fruitiers. Le Gouvernement a récemment accordé une attention spéciale à l'arboriculture fruitière. L'une des principales mesures adoptées consiste dans la création d'une école de spécialistes qui formera des arboriculteurs et des maraîchers. La Société russe d'arboriculture a également fait beaucoup dans le même ordre d'idées. Elle publie un journal spécial à Petrograd et possède de nombreuses filiales dans tout l'Empire.

Le séchage des fruits et la préparation des confitures et des conserves prennent une extension rapide dans le sud de la Russie. Actuellement déjà, le Turkestan satisfait aux demandes du marché indigène et, même avant la guerre, il exportait des conserves en Allemagne. A Sotchi, on récolte des prunes qui ne sont pas inférieures et sont même supérieures aux variétés françaises et italiennes. Il est vraiment dommage que l'on ignore en Europe occidentale et en

Angleterre les délicieux produits tirés en Russie de certains fruits, tels ces gelées de fruits qui sont bien une véritable friandise russe.

La Bessarabie donne un vin de table léger; le Turkestan produit à la fois un excellent vin de table et quelques crus des vins les plus capiteux ; le Caucase a de bons vins de table et du « champagne ». La Crimée produit des spiritueux ainsi que de bons vins de table. En général, le vin de Russie est très bon marché, étant donné son bouquet et son excellente qualité.

Il y a quelque vingt-cinq ans, on a fait des essais pour acclimater le thé sur les bords de la mer Noire. Sur les rivages de cette mer et dans son voisinage immédiat, des milliers d'hectares se prêtent bien à la culture du thé. Il ne faut pas douter que dans un avenir prochain la Russie produira tous les thés de moyenne et de basse qualité dont elle a besoin pour sa propre consommation. L'importation ne portera que sur les marques les plus renommées de la Chine, de l'Inde et de Ceylan. Sur le rivage de Batoum, il y a maintenant plus de 525 hectares de plantations de thé.

L'apiculture est une branche très prospère de l'industrie agricole de Russie. Déjà sous le règne d'Ivan le Terrible, la Russie exportait jusqu'à 800 tonnes de cire d'abeilles. Depuis cette industrie a fléchi, mais il n'y a aucune raison pour qu'elle ne redevienne pas aussi prospère qu'autrefois. Dans ces dernières années, la production du miel et de la cire atteignait annuellement en Russie à peu près 50 millions de francs. L'exportation de ces produits dépasse 5 millions de francs par an. Cependant la Russie ne produit pas encore assez de cire pour ses propres besoins. L'apiculture est concentrée principalement dans le Caucase, en Sibérie et dans l'Asie centrale. Les provinces les plus riches en miel de la Russie d'Europe sont celles de Voronège et d'Oufa. On compte dans tout l'Empire environ 6.400.000 ruchers, dont la plupart sont de petite dimension.

CHAPITRE XII

LARD. SUCRE. TABAC

Contrairement à toute attente, la Russie est devenue un pays producteur de lard et elle commence
à faire une concurrence heureuse sur le marché
anglais.

Les exportations de lard russe s'établissent comme
suit :

ANNÉE	POUDS	TONNES (de 1.000 kg.)	ROUBLES	FRANCS
1908	95.746	1.570	820.283	2.182.000
1909	186.719	3.062	1.490.407	3.964.000
1910	426.848	7.000	3.460.261	9.204.000
1911	519.581	8.521	4.081.028	10.855.000
1912	543.000	8.905	4.200.000	11.172.000

Le commerce du lard se développe maintenant
dans le centre de la Russie, vers l'angle où se
touchent les trois provinces centrales de Tambov,
d'Orel et de Voronège. On y rencontre souvent des
Anglais et la langue anglaise est fort en honneur
dans cette région. Ce commerce s'est développé

grâce aux capitaux anglais qui le contrôlent encore. L'initiative personnelle de la part des négociants anglais s'est manifestée par la construction d'abattoirs, les encouragements à l'élevage de porcs sélectionnés et les efforts entrepris dans le but d'améliorer et d'unifier les qualités des produits en fournissant aux fermiers les meilleures races à des prix très avantageux. Le succès qu'a eu l'élevage dans les provinces centrales permet d'envisager l'extension de cette industrie dans d'autres parties du pays. Des expériences sont en cours en Petite Russie, dans les provinces du Sud-Ouest et en Pologne (avant la guerre). Le plan le plus audacieux qui soit en cours d'exécution a été conçu par une Société anglaise qui achète sur les rives de l'Obi, en Sibérie, des terres en friche qui ont été transformées en prairies pour l'élevage des porcs. Ainsi se trouve organisée une énorme exportation de lard vers l'Angleterre en empruntant la route de la mer de Kara.

Toutes ces expériences et ces plans donnent une idée des promesses que suscite le commerce du lard en Russie. L'élevage des races de porcs à lard convient au paysan russe, qui abandonne volontiers le lourd porc à soies. Les commerçants anglais trouvent leur profit à pousser à cet élevage des porcs russes pour la production du lard. Le marché anglais reçoit avec faveur le lard russe, bien qu'il ne le paie pas à des prix aussi élevés que les lards des autres pays étrangers, de même que pas davan-

tage il ne paie les prix les plus élevés pour le beurre
ou les œufs de Russie. La cause de ces bas prix est
que le commerce russe d'exportation est encore
dans l'enfance ; il n'est pas encore assez au courant
des besoins de la clientèle, ni suffisamment organisé.

Le porc qui produit le meilleur lard maigre
(bacon) pèse 90 à 100 kilogrammes ; il est long et
svelte, a les pattes de devant courtes et des cuissots
pleins et pesants. En Russie, l'on demande surtout
des porcs de gros poids ; plus l'animal est lourd,
plus le prix par poud s'élève. C'est là un désavantage du commerce des porcs. Les abattoirs qui
produisent le lard maigre ont donc été amenés à
créer un approvisionnement de porcs de poids léger
et ils y parviennent en demandant constamment
des animaux répondant à cette dernière condition.
Autrefois, les paysans aisés pouvaient seuls engraisser
des porcs ; ils achetaient à des éleveurs des animaux
d'environ 90 kilogrammes, et les nourrissaient de
façon à en faire des poids lourds. Les commandes
émanant des manufactures de « bacon » ont permis
aux paysans pauvres de se livrer aussi à l'élevage.

Il n'est pas douteux qu'avec le temps les paysans
et les propriétaires terriens de Russie se rendront
compte de l'énorme valeur économique des manufactures de lard maigre. Ils peuvent doubler et
tripler leur production avec le même capital, car il
est facile de se rendre compte qu'un porc vendu au
marché au bout de cinq ou six mois d'élevage donne

plus de profit qu'un animal vendu après quinze ou
dix-huit mois de forçage, comme c'est actuellement
l'usage. Les manufactures reçoivent la plupart de
leurs porcs par l'intermédiaire de leurs acheteurs
qui les tirent de régions reculées. La distance
moyenne de transport des animaux jusqu'à l'abattoir
est supérieure à 1.300 kilomètres, ce qui représente
un trajet de quatre à cinq jours par rail. Le porc
russe est heureusement très rustique ; il supporte
fort bien les changements de température et le
voyage en troupe compacte. Les pertes en cours de
route sont en fait négligeables. L'inspection sanitaire
par le vétérinaire du district est exécutée strictement
au chargement comme au déchargement. Chaque
abattoir doit avoir un vétérinaire nommé par le Gouvernement, qui visite les animaux avant et après
l'abattage. Des agents spéciaux examinent au micros-
cope, sous la direction du vétérinaire, les prélèvements
faits sur chaque porc tué, afin de découvrir les traces
de trichine. Un certificat d'origine est exigé pour
chaque colis de viande de porc sortant de l'abattoir.

Huit grands établissements pour la préparation
du lard maigre fonctionnent maintenant en Russie,
deux en Sibérie, un en Pologne, un dans les Provinces baltiques et le reste dans la Russie propre-
ment dite. Le nombre de ces établissements est plus
grand que la production de viande sur pied n'en
peut alimenter. Si la guerre n'avait pas éclaté, des
demandes persistantes auraient amené les éléments

à augmenter leur production. La guerre a eu des conséquences désastreuses pour cette branche d'affaires. Les exportations de Russie ont maintenant entièrement cessé, la Baltique étant bloquée et la route d'Arkhangel est impraticable en hiver. La période qui suivra immédiatement la fin des hostilités n'est pas rassurante. Le manque de main-d'œuvre dans toute la Russie va déterminer de faibles récoltes. Les stocks de blé vont sortir du pays dès la signature de la paix, et cela va obliger les paysans à se défaire de leurs porcs dans l'attente de temps meilleurs.

La nourriture des millions d'hommes qui sont sous les armes a augmenté bien au delà de la normale en Russie la consommation des viandes de toutes espèces. Les ruraux, dans leur ensemble, ne mangent de la viande qu'une demi-douzaine de fois dans l'année, tandis que les paysans mobilisés maintenant en reçoivent trois quarts de livre à une livre chaque jour. Le cheptel d'animaux livrables à la boucherie sera donc réduit avant la fin de la guerre bien au-dessous du niveau normal. Certains cercles influents ont déjà examiné la question de la prohibition de l'exportation des viandes fraîches, y compris le lard maigre, après la déclaration de paix, jusqu'à ce que les stocks reprennent en Russie leur niveau normal. Une telle mesure placerait dans une situation très difficile les établissements fondés en Russie pour la préparation du lard maigre. Lorsque le moment sera venu de prendre une décision de ce genre, il n'est pas douteux que le Gouvernement russe prête l'oreille aux desiderata des directeurs de ces abattoirs.

SUCRE

L'industrie du sucre de betterave, qui a pris maintenant en Russie une importance considérable, a été créée il y a quarante ans, époque à laquelle la première raffinerie a été créée dans la province de Toula. Dans la campagne de 1911-1912, la surface semée en betteraves à sucre a dépassé 764.700 hectares. En 1913, cette surface était de 731.500 hectares. Dans le reste de l'Europe, les terres produisant des betteraves n'ont pas une surface supérieure à 1.857.000 hectares.

La culture de la betterave à sucre s'est fortement développée dans le sud et le sud-ouest, de même que l'extraction du sucre. Cette dernière industrie permet à la Russie, non seulement de satisfaire à la consommation indigène, mais aussi d'exporter une quantité considérable de sucre, notamment en Perse et en Turquie. La production sucrière annuelle de la Russie est évaluée à une moyenne de 1.800.000 tonnes, soit à peu près la moitié de la production totale des pays européens.

Ces résultats satisfaisants sont principalement dus au système protectionniste, qui a pris en Russie la forme d'une loi spéciale régissant l'industrie sucrière. Cette loi fonctionne de la manière suivante.

Sur la proposition du ministre des Finances, le Conseil des ministres fixe pour chaque campagne sucrière :

a) La quantité de sucre à tirer de la cassonade et des pulpes de betteraves pour la consommation indigène (cette quantité est désignée sous le nom de « contingent national »).

b) La quotité des réserves à conserver intactes dans les sucreries ;

c) La production totale normale, et

d) Les prix maxima à pratiquer sur le marché indigène et moyennant lesquels les réserves doivent demeurer intactes ; enfin, les conditions auxquelles il est possible de jeter ces réserves sur le marché.

La totalité du « contingent national » paie la taxe ordinaire d'accise de 1 rouble 75 par poud (environ 0 fr. 30 par kilo). Le sucre produit en excédent du « contingent » est frappé, en prévision de son apport sur le marché indigène, d'une nouvelle taxe prohibitive de 3 roubles 50 par poud (environ 0 fr. 55 par kilo). Du surplus global du sucre extrait dans chaque campagne est formée la réserve à conserver intacte et qui ne doit venir sur le marché intérieur que sur l'ordre du ministre des Finances, quand les prix du marché de Kiev dépassent le maximum prévu. Le reste de cet excédent (au-dessus de la réserve inviolable) constitue ce qu'on est convenu d'appeler la « réserve libre », que l'on peut mettre sur le marché intérieur comme il a été expliqué ci-dessus, après paiement du droit d'accise et de la surtaxe. Ou bien alors on peut reporter cette quantité au compte du producteur pour la campagne suivante ou l'exporter en franchise des droits d'accise et de la surtaxe.

La production sucrière totale d'une campagne se divise ainsi en :

1° Sucre libre ; 2° réserve inviolable ; 3° réserve libre.

Ce système, tout en assurant une liberté complète de production, sauvegarde les intérêts des consommateurs, car le Gouvernement exerce une influence régulatrice grâce à la limitation des prix pratiqués sur le marché. Depuis son entrée en vigueur, la Loi Sucrière a été néanmoins sévèrement critiquée par la presse et l'opinion publique, bien que les résultats satisfaisants qu'elle donne ne justifient pas ces critiques.

Le tableau ci-dessous montre quelle a été l'influence favorable de cette loi, et sur la production, et sur la consommation :

ANNÉE	PRODUCTION en millions de		CONSOMMATION en millions de		PRIX MAXIMUM du sucre en	
	pouds.	tonnes.	pouds.	tonnes.	kopecks par poud.	centimes par kg.
1885-1886 . .	38,98	0,64	27,86	0,46	475-500	76-80
1892-1893 . .	64,18	1,05	44,75	0,73	430-445	69-71
1910-1911 . .	117,19	1,92	70,88	1,16	410-420	66-67

On voit par ces chiffres que des réserves considérables étaient restées dans le pays qui durent être exportées. Cette circonstance contraignit la Russie à participer au commerce extérieur du sucre ; elle le fit sur une très modeste échelle, mais peu à peu elle augmenta sa participation en prenant sur ses stocks, d'après les besoins du marché mondial. En comparaison des autres pays, les exportations de la Russie étaient faibles et la question de l'extension de ces exportations n'avait pas pour le pays un caractère aussi aigu que pour les autres nations européennes productrices de sucre, occupées depuis longtemps à régulariser leur concurrence sur le marché de Londres. Pour résoudre ce problème, il fut proposé de supprimer toutes les primes directes ou indirectes telles qu'elles existaient dans les pays exportateurs d'Europe. Finalement, grâce à l'initiative de la Grande-Bretagne, la fameuse Convention de 1903 fut conclue pour une durée de cinq ans, la Russie étant exclue sur la présomption que son industrie sucrière était soutenue par le système des primes. Le sucre russe se vit donc fermer ainsi le marché anglais pendant toute la durée de la Convention. Les effets de cette dernière ayant déçu les espérances britanniques, d'autant plus que les prix subirent une hausse considérable sur le marché de Londres, l'Angleterre déclara en 1907 qu'elle dénoncerait la Convention si l'on n'abrogeait pas les droits prohibitifs frappant le sucre jouissant de primes. Cette

attitude fut très favorable à l'industrie sucrière de
Russie. Les autres Etats signataires de la Convention
acquiescèrent aux propositions de l'Angleterre,
mais à la condition que la Russie adhérerait aussi à
cette Convention et limiterait ses exportations. Bien
qu'il n'était évidemment pas dans l'intérêt de la
Russie d'accepter de telles restrictions, elle décida
néanmoins de signer la Convention qui, autrement,
aurait échoué et, dans ce cas, c'était la résurrection
de l'ancien système des primes, avec pour résultat
la baisse des prix non seulement en Angleterre,
mais sur tous les marchés du monde.

La Russie a signé la Convention à Bruxelles en
décembre 1907, s'engageant à limiter ses exportations pendant six ans à un million de tonnes, de
telle manière que pendant les deux premières années
elle n'exportait pas plus de 300.000 tonnes et, pendant chacune des quatre dernières années, pas plus
de 200.000 tonnes. Cette restriction ne visait cependant pas le sucre exporté en Finlande, en Perse, en
Afghanistan ni, par voie de terre, en Chine. Le nouvel arrangement a exercé une influence salutaire
sur le marché jusqu'à l'été de 1911, époque à
laquelle l'insuffisance générale de la récolte des
betteraves dans d'autres pays a amené une hausse
de prix sans précédent, et a déterminé la Russie à
solliciter la permission d'exporter 500.000 tonnes sup-
plémentaires. Cette demande trouva un accueil très
favorable de la part de l'Angleterre, mais les autres

Etats signataires de la Convention de Bruxelles refusèrent de la prendre en considération, à moins que la Russie ne consentît à renouveler la dite Convention pour une nouvelle période de cinq ans, c'est-à-dire jusqu'en septembre 1918. Bien que l'Angleterre eût déclaré à plusieurs reprises qu'elle se retirerait de la Convention en 1913 si la demande de la Russie n'était pas agréée, le Gouvernement russe céda et le protocole signé le 4/17 mars 1912 portait son adhésion jusqu'en 1918.

Par le nouvel Arrangement, les demandes primitives de la Russie furent réduites à un minimum. Au lieu de l'exportation supplémentaire de 500.000 tonnes qu'elle avait sollicitée, elle ne fut autorisée à exporter que 250.000 tonnes s'étendant sur trois campagnes. D'autre part, les contingents d'exportation annuels, tels que les définissait la Convention de 1907 (200.000 tonnes par an) demeurèrent inchangés. Ainsi, cette fois encore, le désir naturel de la Grande-Bretagne de concilier sa participation à la Convention avec les intérêts des consommateurs anglais ne recevait pas satisfaction et, comme on pouvait s'y attendre, le Gouvernement anglais dénonça la Convention à cause des restrictions apportées à l'exportation du sucre russe. Malheureusement pour la Russie, elle dut demeurer signataire de la Convention, ce qui est manifestement contraire aux intérêts de son industrie sucrière.

TABAC

L'usage du tabac s'est répandu en Russie bien plus tardivement que dans les autres pays d'Europe, en raison des pénalités qu'infligeaient les tsars jusque vers la fin du xviie siècle à tous ceux qui vendaient ou usaient du tabac. Néanmoins, l'attraction qu'exerçait cette plante fut irrésistible pour les classes riches, seules en situation d'en acheter, de sorte que les personnes aisées fumaient et prisaient dès avant l'avènement de Pierre le Grand, qui décréta le tabac un monopole d'Etat et l'afferma à de riches négociants. Le premier de ces fermiers fut un Anglais nommé Carmarthen, qui bénéficia de l'exercice du monopole de 1698 à 1704. On suppose que les commerçants anglais furent les premiers à introduire l'usage du tabac en Russie. Dans tous les cas, ils furent certainement les premiers à importer les variétés les moins chères.

Ce n'est guère que vers la première moitié du xixe siècle que les Russes commencèrent à cultiver leur propre tabac. La culture du tabac a été introduite en premier lieu dans le gouvernement de Tchernigov (vers le 52° de latitude) et elle s'est étendue progressivement vers les frontières du Sud. Dans les parties septentrionales de cette région, on produit le tabac russe le plus commun, connu sous le nom de « mahorka », et dont la culture est accessoire à d'autres occupations agricoles. C'est en Crimée et dans le

Caucase que poussent les tabacs plus fins de marque
orientale, Samsoun, Trébizonde et autres. Ces derniers sont de si haute qualité qu'on les emploie
dans le véritable pays du tabac, les Etats-Unis, pour
la confection des « cigarettes russes ». Les perspectives qui s'offrent pour le développement de la production du tabac en Russie sont particulièrement
favorables, car il y a une vaste étendue de terres
particulièrement propres à cette culture sur les
bords de la mer Noire, entre Novorossisk et la frontière turque, au sud d'Atoum. Actuellement, les
meilleures variétés de tabac sont obtenues, dans ce
district, aux environs de Soukhoum et de Sotchi.

La consommation du tabac à fumer s'est abaissée
graduellement entre 1901 et 1911 (date des dernières statistiques) de 911.000 pouds (14.900 tonnes)
à 690.000 pouds (11.300 tonnes) par an, et celle des
cigares a fléchi de 183 millions à 127 millions. Par
contre, la consommation des cigarettes a monté de
9.667 millions à 19.839 millions ; en d'autres termes
elle a plus que doublé au cours de la décade. Une
des caractéristiques des cigarettes russes est leur
bon marché relatif.

Beaucoup de perfectionnements ont été introduits
dans la fabrication des cigarettes. Mais la Loi d'Accise de 1909 a relevé les droits qui les grèvent et a,
par conséquent, fait monter les prix de certaines
variétés, surtout celles de qualités supérieures ; elle
a, d'autre part, incité les fabricants à améliorer leurs

méthodes de production et la qualité de leurs produits. D'un autre côté, le marché des cigarettes
russes s'est agrandi dernièrement, grâce à la tendance que marque le paysan à abandonner le
« mahorka » pour la cigarette à bas prix. Enfin, des
pays étrangers sont devenus récemment acheteurs.
La plus grosse demande vient de Chine qui absorbe
jusqu'à 800 millions de cigarettes par an. L'Allemagne et la Grande-Bretagne paraissent apporter un
sérieux intérêt aux cigarettes russes.

De remarquables changements se sont produits
dans le commerce du tabac russe avec l'étranger pendant la décade close en 1911. Les importations de
tabac sont tombées de 44.000 pouds (732 tonnes) en
1901 à 25.000 pouds (410 tonnes) en 1910, tandis
que l'exportation du tabac en feuilles a augmenté de
352.000 pouds (5.772 tonnes) en 1901 à 635.000 pouds
(10.415 tonnes) en 1911.

Avec son climat exceptionnellement favorable et
son excellent sol, le Caucase se prête bien à la culture
des tabacs turcs de qualité supérieure. Les districts
de Koutaïs, de Batoum et de Soukhoum ont été
couverts de plantations de tabac dont les produits
ont conquis le marché russe. Le cultivateur ne tire
pas cependant un gros bénéfice de sa récolte, car il
dépend des acheteurs de feuilles brutes, qui sont les
agents des grosses manufactures de tabac. La même
remarque s'applique au tabac récolté dans les autres
districts.

La fabrication du tabac est pratiquement contrôlée par une douzaine de grosses maisons qui régularisent la production, monopolisent l'industrie des cigarettes et exercent aussi un contrôle effectif sur les marchands de tabac. Pendant la décade close en 1911, elles ont mis en service un nouvel outillage, qui leur a permis de réduire de 47.000 à 31.000 le nombre de leurs ouvriers et d'élever aux deux tiers la proportion des femmes dans leur personnel. Cette situation était très favorable à la formation d'un trust et, il y a quelques années, l'idée de grouper toutes les manufactures russes de tabac en une seule organisation est venue à un groupe de capitalistes anglais et russes. Un groupement des grands manufacturiers aurait modifié la situation en faveur de chacun d'eux, mais ils n'ont pas pu consentir à oublier leur rivalité invétérée et ils ne sont pas parvenus à s'entendre pour limiter leur concurrence.

Le groupe des capitalistes anglais a dès lors pris l'affaire en mains et lui a donné un caractère tout différent en commençant à acquérir les plus grandes manufactures russes. Une Société a été formée à Londres au capital de 125 millions de francs, elle a couvert les dépenses du groupe et, sous le nom de « Trust du tabac russe », a commencé à fonctionner en qualité de principale propriétaire de l'industrie du tabac en Russie. Ce qui arrive infailliblement quand un trust de ce genre se forme est en train de s'accomplir en Russie. Tous les marchands, les cultivateurs et le groupe des manufacturiers s'efforcent de constituer une organisation pour lui faire échec. Les perspectives du nouveau trust semblent pleines de promesses d'avenir. Il a le champ libre pour étendre son influence sur tout le commerce du tabac en Russie, dont la situation est actuellement prospère et qui se développe rapidement. Le seul point obscur est l'attitude que prendra le Gouvernement à l'égard de combinaisons de ce genre. Toutefois, cette attitude paraît être favorable au nouveau trust. Le Gouvernement aurait l'intention de reconnaître les « Syndicats » et les « Trusts » comme des faits économiques, mais il voudrait élaborer un système de contrôle et de surveillance des opérations entreprises par ces organisations industrielles. Ce projet peut ne pas entraver le succès du trust et il est susceptible de sauvegarder, dans une certaine mesure, les intérêts du consommateur russe, qui dépendront maintenant de la politique pratiquée par la combinaison envisagée.

CHAPITRE XIII

FORÊTS. INDUSTRIE DU PAPIER.
FOIRES RUSSES.

Les forêts de la Russie sont considérées à juste
titre comme l'une de ses plus riches ressources naturelles. Elles produisent des bois de charpente pour
150 millions de sa population, du combustible pour
le tiers de ses usines et de ses manufactures, pour le
quart de ses chemins de fer et de ses bateaux à
vapeur, enfin des matières premières pour ses scie-
ries et ses industries *koustarny ;* un excédent considérable de la production est exporté à l'étranger. Il
est impossible de se procurer des statistiques sur la
richesse forestière, car les forêts sont inégalement
distribuées sur le territoire de l'Empire et sont principalement situées dans les régions à population
peu dense de la Sibérie Centrale et Orientale et dans
le Nord-Est de la Russie d'Europe. Il est même difficile de donner une estimation exacte de la valeur des
transactions intérieures sur les bois de charpente et
des exportations annuelles, et encore moins de toute
la superficie exacte couverte par les forêts russes

elles-mêmes. Cette superficie est évaluée à 222.530.000 hectares dans la Russie d'Europe, avec la Finlande et le Caucase, et à 533.520.000 hectares en Asie ; l'ensemble donnerait donc 756.050.000 hectares.

Le nombre total des marchés à bois de charpente dans la Russie d'Europe, non compris la Finlande et le Caucase, est de 350. Les affaires qui s'y traitent se chiffrent pour chacun d'eux de 200.000 roubles à plusieurs millions de roubles, le total des transactions étant estimé à plus de 500 millions de roubles (plus de 1.330 millions de francs). Les principaux marchés sont ceux de Petrograd, Cronstadt, Riga, Moscou et Arkhangel. Les chiffres des transactions qui se font sur ces marchés montrent qu'en Russie le commerce des bois vient comme importance tout de suite après celui des grains.

L'absence de toute statistique annuelle exacte ne permet pas de juger de l'extension et des tendances du marché des bois, sauf pour le commerce de la Russie d'Europe, qui fait l'objet d'un rapport annuel du Ministère des Voies de Communications. En 1891, le bois transporté par eau formait 5.680.000 tonnes et celui transporté par rail 4.208.000 tonnes, ce qui donnait un total de 9.888.000 tonnes. En 1908, les chiffres étaient : par eau 20.608.000 tonnes, et par rail 13.248.000 tonnes, soit au total 33.856.000 tonnes. On voit que le trafic par eau comportait plus de 50 p. 100 du total, bien que les routes fluviales n'aient que la moitié du développement du réseau ferré, sur lequel les transports sont plus onéreux. En 17 ans, le commerce des bois a augmenté dans la proportion de 1 à 3 1/2, par suite de l'abaissement des tarifs de chemins de fer (1891) et des besoins accrus du marché indigène. Les exportations n'ont augmenté que de 3.200.000 tonnes pendant la même période ; en d'autres termes, les neuf dixièmes de l'augmentation sont la conséquence directe des besoins des marchés intérieurs. Les principales réserves de bois d'œuvre en cours de croissance se trouvent surtout dans le Nord et le Nord-Est de la Russie d'Europe, où sont situées 80 p. 100 des forêts de l'Etat, ainsi que dans l'Oural et le Caucase.

Le Ministère de l'Agriculture, qui a dans ses attributions l'entretien des forêts de l'Etat, a complètement changé d'attitude dans les deux ou trois dernières années et est maintenant le premier à recommander des réformes radicales. Le relèvement qui s'est manifesté récemment dans les revenus tirés des forêts de l'Etat prouve que le Ministère de l'Agriculture a vu juste. Le revenu du Département des forêts de l'Etat était, en 1900, avec un chiffre de dépenses de 28 millions de francs, de 150 millions de francs.

En 1910, la proportion a été la suivante : dépenses, 64.124.000 francs — recettes, 200 millions, représentant une augmentation de 33,4 p. 100. En 1915, le chiffre des recettes a atteint 225 millions de francs.

Naturellement, ce résultat est infime, étant donnée l'énormité de la surface forestière, mais il suffit pourtant à fixer la politique du Gouvernement. En dépit de toutes les conditions défavorables précédemment énumérées, on vient de voir que le commerce des bois augmente rapidement et la valeur des exportations a suivi une marche ascendante. De 34.250.000 francs qu'elle était en 1870, elle monte, en 1900, à 134.500.000 francs et dépasse 425.000.000 de francs en 1913. Cela revient à dire que pendant la dernière décade l'exportation a doublé en quantité et presque triplé en valeur.

Le centre du trafic du bois a été transféré dans le Nord-Est et ce changement a influencé les exportations tout autant que le marché indigène pendant la dernière décade. Après l'achèvement des lignes ferrées Petrograd-Vyatka, Windau-Rybinsk, et de Kotlas, le commerce des bois s'est déplacé vers la partie supérieure du bassin de la Volga et les régions hautes de l'Oural. On se rend aisément compte de cette évolution en comparant, dans le tableau ci-après, le tonnage des exportations faites pendant les deux dernières années de Petrograd, Cronstadt, Arkhangel et Windau, d'une part, avec celles de Riga et Libau, d'autre part.

Grâce à l'énorme surface des forêts, le bois est encore le principal combustible en usage, surtout dans les provinces du nord-ouest, du nord et du nord-est. Dans les régions des steppes agricoles, le combustible domestique le plus répandu est la paille, mais ce combustible n'a pas de valeur pour les industries locales. L'importance totale de la consommation du bois et de la paille n'est pas connue.

| | MOYENNE 1901-1905 | | MOYENNE 1906-1910 | | AUGMEN-TATION |
| | Milliers de | | Milliers de | | |
	pouds.	tonnes.	pouds.	tonnes.	p. 100
Riga	55,9	0,91	75,4	1,24	35,1
Libau	7,4	0,12	10,2	0,16	37,1
Arkhangel	24,1	0,39	39,2	0,64	62,7
Petrograd-Cronstadt	30,6	0,50	59,7	0,98	95,3
Windau	4,3	0.07	16,3	0,27	279,0

Si l'on classe la consommation des combustibles utilisés en Russie d'après l'importance des besoins domestiques et industriels, en comprenant parmi ces derniers les besoins de la marine, on obtient pour 1908 les chiffres ci-après, indiquant les équivalents en houille :

	PAILLE	BOIS	CHARBON DE BOIS	HOUILLE	PÉTROLE	TOURBE	DIVERS	TOTAL
Usages { domestiques. .	10	50	—	2,5	—	2,5	—	65
{ industriels .	—	10	1	24,5	9,7	1,3	0,5	47

Ce tableau montre que la consommation domestique du combustible dépasse considérablement la consommation industrielle. On remarquera aussi que le tonnage du combustible minéral utilisé pour les usages domestiques est très faible : 2 millions 1/2 de tonnes de houille, plus autant de tourbe, ce qui donne 7,5 p. 100 de la quantité totale du combustible domestique. D'autre part, l'industrie emploie surtout des combustibles minéraux, principalement de la houille et du pétrole, alors que le bois et le charbon de bois ne forment que 21 p. 100 de la consommation totale de cette catégorie.

Il est intéressant de noter que le nombre des Sociétés russes pour le sciage des bois est passé de vingt-deux avec un capital de 53.750.000 francs, en 1901, à quarante-trois avec un capital de 87.500.000 francs en 1910. Leur nombre a donc doublé et leur capital-actions a augmenté de 55 p. 100. Leur bénéfice net a également doublé, passant de 2.250.000 francs à 4.300.000 francs, ce qui donne un taux de 4,9 p. 100. Il s'est formé un certain nombre de Sociétés possédant de forts capitaux et qui exploitent leurs propres forêts.

Vers la fin de la dernière décade, il a été créé plusieurs Bourses dont trois sont spécialement affectées aux bois et sept sont formées par des associations de marchands de bois.

PATE DE BOIS ET PAPIER

Il y a quelques années, l'industrie russe du papier a subi une crise grave. Beaucoup d'établissements furent obligés de fermer et ceux qui continuèrent l'exploitation le firent à perte. La crise passa ; le marché du papier commença à prendre de l'essor ; les manufactures donnèrent un bon rendement, mais malgré cela, l'industrie ne jouissait pas d'une situation stabilisée. Pour beaucoup de raisons, dont la plus préjudiciable était la concurrence de la Finlande, il régnait une atmosphère d'incertitude. L'abolition de la douane finlandaise fut pratiquement décidée et le temps n'est pas éloigné où le papier de Finlande va pouvoir pénétrer sur le marché russe sans payer de droits.

Il y a en Russie peu d'articles de consommation qui aient subi une hausse de prix aussi surprenante que le papier, dont plusieurs qualités ont augmenté dans un espace de temps relativement court de 300 à 400 p. 100. Ce phénomène est dû à des causes multiples, qui peuvent cependant se résumer dans la raréfaction des approvisionnements de papier dans les principaux centres de consommation. Il faut noter que, dans ces dernières années, la fabrication du papier en Russie ne s'est pas distinguée par son amplitude, malgré l'augmentation constante des demandes. En 1913, les fabriques russes de papier à lettres ont donné une production totale de 320.000 tonnes. Comme l'augmentation de la production restait fortement en arrière de celle de la consommation, il a fallu combler la différence au moyen des importations étrangères. Pendant la période de

1910 à 1912 les manufactures russes ont presque doublé leur production, et les importations ont plus que triplé.

La Finlande a, plus que tout autre pays, tiré avantage de cette situation ; ses exportations de papier en Russie ont continué à monter malgré les droits d'entrée. Si on les compare avec la production des manufactures russes, on verra que les importations de papier de Finlande couvrent une partie de plus en plus importante de la consommation russe, comme le montre le tableau ci-après :

ANNÉES	FABRICATION du papier en Russie.	IMPORTATION du papier de Finlande.	POURCENTAGE
	tonnes.	tonnes.	
1900	166.400	20.800	12,5
1906	200.000	52.800	26,4
1908	232.000	67.800	29,2
1910	256.000	86.400	33,7
1912	296.000	120.000	40,5

L'accroissement des importations de papier provenant de Finlande est dû en première ligne à l'organisation de la vente et ensuite à son bas prix. Le papier finlandais n'est pas seulement utilisé dans les grandes villes voisines de la Finlande, et il pénètre aussi dans le sud, à Kiev, Kharkov, Odessa, dans beaucoup de villes de la Volga et même en Sibérie, jusqu'à Irkoutsk et Vladivostock.

Néanmoins, quand on étudie de plus près les importations de Finlande en Russie, on s'aperçoit qu'elles ont surtout augmenté pour la cellulose et que les entrées du papier fabriqué ont suivi une ascension relativement moins rapide. Ainsi, pour la période du 1er janvier au 1er octobre, il a été importé de Finlande en Russie :

ANNÉE	PAPIERS de toutes espèces (y compris le papier d'emballage).	CELLULOSE
	tonnes.	tonnes.
1913.	88.624	2.768
1914.	92.896	5.040
1915.	105.680	29.488

L'augmentation particulièrement forte de la cellulose finlandaise provient du fait que pendant l'année 1915 la production de la cellulose semi-manufacturée a été fortement restreinte, par suite de la fermeture des grands établissements de Waldhof et de Kassirev, qui fabriquaient à eux seuls 120.000 tonnes par an sur un total de 168.000 tonnes pour l'ensemble de la Russie. Il n'est pas tenu compte dans ce qui précède du fait que dans les établissements qui continuent à travailler, la production de la cellulose a été réduite à cause du manque de soufre, de pyrites et d'autres matières. Ces dernières circonstances expliquent plus que toutes les autres la décroissance de la fabrication du papier.

En présence de cette situation, l'Union russe des fabricants de papier a formulé une pétition pour obtenir l'abaissement des droits frappant la cellulose importée de Finlande; cette pétition a récemment obtenu une suite favorable. Les résultats qui en découleront seront bien accueillis par les consommateurs, car les manufactures russes sont totalement incapables pour le moment de satisfaire aux demandes qui promettent de s'accroître encore. Il est donc à peu près certain que, même si les droits étaient relevés, il serait futile d'arrêter les importations de Finlande ou de pousser faiblement à la fabrication indigène du papier. La réduction des droits sur la cellulose finlandaise sera beaucoup plus profitable aux fabriques russes de papier à lettres. Il y a d'ailleurs bien d'autres obstacles dont la suppression serait susceptible d'améliorer en fort peu de temps la situation des papeteries. Les fabricants eux-mêmes pourraient, en pratiquant davantage la coopération, écarter beaucoup de ces obstacles; quant aux autres, le Gouvernement serait en mesure d'apporter aux intéressés une aide précieuse.

A la cessation des hostilités, il conviendra d'apporter une attention spéciale au développement de la fabrication et à l'acquisition des matières premières qui sont la base de la production du papier. Ces matières, que l'on rencontre en abondance en

Russie, sont la pâte de bois et la cellulose, le soufre, les pyrites, le kaolin et le charbon de bois.

Il sera également nécessaire de développer la construction des machines et l'outillage permanent. On pourrait encore contribuer beaucoup au progrès de la papeterie en Russie en donnant au commerce du papier et des articles en papier une organisation meilleure et s'étendant à tout le pays. Ces mesures faciliteraient aussi aux produits importés l'accès des marchés indigènes de consommation. La Russie devrait produire au moins deux fois plus de pâte de bois qu'elle ne le fait. C'est le pays d'Europe le plus riche en forêts et c'est le plus pauvre en stocks de matières premières pour la papeterie. Cette situation ne se prolongera probablement pas bien longtemps, car la transformation du bois en pâte se fait maintenant par des procédés très faciles et à très bon compte.

Le danger de la concurrence finlandaise a peutêtre été quelque peu exagéré. On n'envisage que l'abrogation des droits russes sur le papier, sans se préoccuper des autres modifications qu'introduira l'Union des Douanes. Le papier finlandais entrera désormais en Russie en franchise de droits, mais les produits chimiques, les machines et les articles nécessaires pour la fabrication du papier auront à payer en Finlande une taxe beaucoup plus élevée. Le coût de la production en Finlande augmentera et contrebalancera en partie les économies réalisées sur

les droits russes frappant le papier. D'un autre côté,
le prix de revient baissera en Russie, puisque les
fabricants russes pourront se procurer en franchise
la pâte de bois finlandaise. Ces fabricants ont à
acquitter actuellement un droit de plus de 6 pence
par poud (0,04 centimes par kilog). Ainsi, l'industrie de la papeterie russe ne sera pas défavorablement affectée dans son ensemble par l'abolition des
droits grevant le papier finlandais ; elle en bénéfi-
ciera même dans la mesure ci-dessus indiquée.

Les papeteries russes qui sont maintenant en
bonne situation, techniquement et financièrement,
n'ont aucune raison de craindre la suppression des
droits. Quant aux autres, tout dépendra de la politique du Gouvernement au sujet de l'obtention de
facilités plus grandes pour conclure les traités de
fourniture de bois avec l'Etat et pour l'utilisation de
la force hydraulique.

LES FOIRES RUSSES

Les foires sont des traits caractéristiques du commerce russe. Mais deux seulement parmi les foires
.les plus grandes ont conservé leur importance nationale d'autrefois : Nijni-Novgorod et Irbit. La foire
de Nijni-Novgorod doit beaucoup au fait que la Volga
et ses affluents la relient aux centres de production
les plus reculés ; de plus, elle est située au nœud des
routes commerciales qui font communiquer l'Europe

et l'Asie. L'autre grande foire russe, celle d'Irbit, a été pendant plusieurs siècles un entrepôt servant à l'échange d'articles de consommation courante entre l'Europe et l'Asie. C'est le lieu de rendez-vous des marchands européens et asiatiques, c'est là que se fixent les prix et que les marchandises sont distribuées.

D'après la Commission Centrale de Statistique, la valeur totale des transactions opérées dans les 16.000 foires de Russie dépasse 2 milliards et demi, ce qui donne environ 162.500 francs par foire et 8 roubles (21 fr. 25) par habitant. Les foires les plus communes sont les foires agricoles (87 p. 100). Les foires de moyenne importance, faisant de 25.000 à 250.000 francs d'affaires, détail et gros, sont dans la proportion de 10 p. 100, et les grandes foires, atteignant un chiffre de 250.000 à 2.500.000 francs et au-dessus ne comptent que pour 1 p. 100.

La foire de Nijni-Novgorod trafique de marchandises de la Russie d'Europe, du Caucase, de la Sibérie occidentale et orientale, de l'Asie centrale, de Khiva, de Bokhara, de la Perse, de la Chine et même de l'Europe occidentale et de l'Amérique. Cette foire vend tout aussi bien des marchandises provenant de ces mêmes pays. Selon le Comité de la Foire de Nijni-Novgorod le chiffre total d'affaires pour 1910 a dépassé 500 millions de francs. Les articles les plus importants étaient : les fourrures (62.500.000 fr.), le coton (chiffre inconnu), les peaux brutes

(25.000.000 de fr.), les peaux tannées (15.000.000 de fr.), les articles en cuir (11.250.000 fr), les peaux de moutons (8.750.000 fr.), le verre et les verreries (10.000 000 de fr.). Il est manifeste que la foire traite surtout les affaires de grosses marchandises, susceptibles d'être transportées par eau. En temps normal, la foire de Nijni-Novgorod joue un rôle important dans le trafic d'exportation. En 1915, on a constaté, à cause de la guerre, une insuffisance de tous les articles manufacturés par rapport à l'importance des demandes. Ces deux facteurs ont rendu les affaires de la foire vives et animées. Le commerce des fourrures, se trouvant en grande partie entre les mains d'étrangers, a été paralysé. Les produits chimiques, pour la même raison, étaient pratiquement inexistants.

La foire d'Irbit comprend dans son rayon d'action la Russie d'Europe, le Caucase, une grande partie de la Sibérie, les districts des steppes, les provinces de l'Asie centrale et, hors la Russie, la Chine, l'Angleterre et l'Allemagne. Sur le total des affaires traitées, 57,8 p. 100 se font avec la Russie d'Europe et le Caucase, 40,2 p. 100 avec la Sibérie et 2,5 p. 100 avec l'étranger. Les maxima atteints ont été de 162.500.000 francs à 175.000.000 de francs ; dernièrement la moyenne est tombée à 75.000.000 de francs. Les fourrures constituent le principal article de cette foire, non seulement pour le trafic étranger, mais aussi pour le commerce russe. Toutes les sociétés de pelleteries russes et beaucoup de maisons étrangères reçoivent directement leurs marchandises d'Irbit, le stock invendu étant dirigé sur Nijni- Novgorod. Les plus forts marchés étrangers de fourrures sont Londres et Leipzig, où les pelleteries achetées à Irbit représentent 30 à 50 p. 100 des ventes aux enchères. Les bonnes affaires sont réalisées aussi sur les métaux, le bois, la laine et les articles en cuir confectionnés dans l'Oural (*koustarny*), qui ont toujours été vendus sur ce marché. La guerre a affecté Irbit de la même façon que Nijni-Novgorod.

Parmi les autres foires il y a lieu de mentionner maintenant la foire aux contrats de Kiev (du 1er février au 1er mars, vieux style). Le montant des marchandises apportées sur le marché est insignifiant (chiffre d'affaires : 12.500.000 francs). Les affaires les plus importantes sont traitées sous forme de contrats de marchandises à livrer, entreposées ailleurs ou en cours de fabrication. Cette foire ressemble plutôt aux bourses commerciales de l'étranger. Les affaires se traitent sur les sucres, les alcools, les céréales, les graines, les produits agricoles, etc. Elles portent aussi sur l'achat, la vente et la location des terres. Parmi les foires spéciales les plus intéressantes, il faut citer les foires aux buis, qui sont une nécessité du vaste mais primitif trafic des buis russes. Les plus importantes de ces foires sont celles de Kozmodemiansk (Kazan), de juin à août, et celle de Homel (Moghilev), du 1er au 10 janvier (vieux style).

Le chiffre d'affaires de chaque foire est d'environ 7.500.000 à 8.250.000 francs.

Enfin, il y a les foires aux chevaux, au nombre d'environ 5.000. La plus considérable est celle de Simbirsk, qui se tient pendant le carnaval (chiffre d'affaires : 375.000 francs). Des foires aux bestiaux se réunissent dans les provinces de Voronège, Kharkov et dans le territoire du Don. Les fabricants de salaisons achètent ici de 3.000 à 15.000 têtes de bétail.

De la révision précédente, il ressort avec évidence que les foires, dont on ne parle plus guère que pour mémoire dans nos pays d'Occident, ont conservé leur importance en Russie, et exercent une influence sur les principaux facteurs du commerce local et international, surtout à l'égard des matières premières et des produits semi-manufacturés.

CHAPITRE XIV

Une estimation des pêcheries du monde, généralement acceptée comme exacte, donne aux pêcheries
russes le troisième rang, les valeurs respectives de
rendement de cette industrie étant approximativement les suivantes : Etats-Unis, 275.000.000 de francs ;
Grande-Bretagne, 250.000.000 ; Russie, 200.000.000.

Si l'on s'en rapporte aux évaluations les plus modérées faites au sujet des pêcheries russes, ce chiffre
devrait être relevé de 50.000.000 de francs au moins.
Il est même possible que la valeur des pêcheries
russes dépasse celle de tout autre pays. En Russie,
les pêcheries les plus productives sont concentrées
dans l'estuaire des grands fleuves : la Volga, le Don
et l'Amour, où les renseignements statistiques sont
fréquemment défectueux. Les derniers chiffres
russes connus nous apprennent que la moyenne
annuelle de la production pour le marché dépasse
14.200.000 quintaux représentant aux cours locaux
256.250.000 francs. La Russie d'Europe et le Caucase fournissent 11.600.000 quintaux, d'une va-

leur de 225.000.000 de francs. Le surplus, soit
2.600.000 quintaux, valant 31.250.000 francs, est la
part de la Russie d'Asie, où l'industrie de la pêche
se trouve encore à l'état primitif bien qu'elle fasse
des progrès considérables chaque année.

Les pêcheries européennes sont divisées en cinq
zones différentes : 1° la Caspienne, comprenant la
Volga, l'Oural et le Caucase ; 2° la mer d'Azov et la
mer Noire ; 3° la Baltique ; 4° les Lacs ; 5° le Nord.
Les pêcheries asiatiques sont divisées en trois zones :
1° l'Extrême-Orient ; 2° la mer d'Aral ; 3° les rivières
et les lacs de Sibérie.

Les plus anciennes et les plus importantes pêcheries sont celles d'Astrakhan ou région Volga-Cas-
pienne. 40.000 bateaux et plus de 100.000 hommes
travaillent chaque année dans les eaux saumâtres et
peu profondes du nord de la Caspienne. Presque autant pratiquent la pêche sur la Volga, depuis son
delta jusqu'à Saratov. Enfin, 40.000 hommes s'occupent du salage, des conserves en boîtes et autres
préparations. Les prises faites dans la zone de la
Volga et de la Caspienne représentent au total
320.000 tonnes de poisson par an, dont la valeur dépasse 75.000.000 de francs. L'esturgeon se pêche
soit au filet, soit au harpon ; ce dernier procédé n'est
possible qu'en hiver ; il se pratique sur l'Oural, où la
pêche appartient aux Cosaques, qui règlent strictement les saisons et les emplacements de pêche. La
protection de la pêche est extrêmement difficile à

organiser dans cette zone à cause de la diversité et
de l'opposition des intérêts en présence. Si les pêcheries d'esturgeons ne sont pas actuellement épui-
sées, cela est uniquement dû à la situation naturellement favorable à la reproduction qui existe dans
le nord de la Caspienne, surtout dans le vaste delta
de la Volga.

Les produits des pêcheries de la Volga et de la
Caspienne sont dirigés sur les marchés intérieurs et
largements exportés. Les qualités supérieures de
caviar sont expédiées vers l'Europe occidentale et
même en Amérique, alors que le poisson et le caviar
de moindre qualité sont envoyés dans les Balkans.
Jusqu'à ces temps derniers, presque tout le poisson
capturé dans cette zone arrivait salé ou séché sur le
marché. Depuis quelque temps, grâce à l'extension
du réseau ferré et des entrepôts frigorifiques, la
vente du poisson congelé est en voie de progression.
Il a été construit à Astrakhan une immense intalla-
tion frigorifique avec un entrepôt pour la conservation des produits des pêcheries.

La région du Caucase occupe le second rang dans
l'Empire au point de vue des pêcheries. Cette région
comprend la partie sud-ouest de la Caspienne et ses
estuaires. Le plus important de ces derniers est celui
de la Koura, que l'on considère à juste titre comme
le fleuve du monde le plus riche en esturgeons. La
quantité de caviar recueillie peut donner une idée
de cette richesse. La pêcherie de la « Banque » à

elle seule produit de 160 à 240 tonnes de caviar frais et pressé (*Acipenser Guldenstadtii*) d'une valeur de 1.875.000 à 3.750.000 francs, et le fleuve tout entier donne environ 320 tonnes de ce produit estimé. On prend aussi dans la Koura de grandes quantités d'autres poissons de la Caspienne (carpes, silures, brêmes, barbeaux, saumons, etc.) mais, en fait, toute l'industrie des pêcheries, qui bénéficie de forts capitaux et paye plus de 35.000.000 de francs de taxes, est basée sur la pêche de l'esturgeon.

Dans la région du Caucase, la pêche du hareng le long des côtes occupe le premier rang. A l'encontre de ce qui se produit pour les pêcheries de harengs de la Caspienne, toute cette industrie est ici capitalisée. La quantité de poissons capturés est fort importante, consistant principalement en harengs de petite taille (*puzanka*), formant environ 80.000 à 88.000 tonnes et valant 25.000.000 de francs.

Toute cette pêche est dirigée sur les marchés de l'intérieur, notamment dans le Sud, où elle constitue en été le fond de la nourriture carnée de la population. Malgré dix ans d'existence, le commerce des harengs du Caucase ne se trouve pas dans une situation stable et le Gouvernement va prendre une série de mesures afin de le consolider.

Les pêcheries des Cosaques de l'Oural sont uniques dans leur genre, comme intérêt économique et humanitaire. Elles s'étendent sur une distance de 850 kilomètres, de l'estuaire de l'Oural jusqu'à la

ville d'Ouralsk. Toute cette région, d'une superficie
de 9.020 kilomètres carrés, est placée sous une même
direction communale énorme, comportant un système archaïque de lois sur la pêche en rapport avec
les coutumes semi-militaires des Cosaques. Seules
les personnes nées dans la communauté ont le droit
d'exercer la pêche sur un point quelconque des
eaux. Pendant la saison, les pêcheurs sont soumis
à une discipline militaire, sous le commandement
d'un « ataman » de pêche.

Viennent ensuite comme importance les pêcheries de la mer d'Azov, comprenant les estuaires du
Don et du Kouban, qui ont aussi été abusivement
exploités. Leur rendre leur ancienne importance
devra être l'un des buts essentiels de l'État et des
Cosaques du Don et du Kouban, possesseurs du droit
de pêche dans ces fleuves.

Les pêcheries de la mer Noire, quant à présent du
moins, sont moins importantes que celles de la mer
d'Azov et de ses estuaires. La pêche est pratiquée sur
toute la côte russe, mais elle n'est nulle part exercée
sur une grande échelle. On y pêche surtout de la
marée et en moindre quantité l'esturgeon, notamment de l'espèce nommée *beluga*.

Les pêcheurs de la Baltique font partie de la population des villes et des villages côtiers des provinces de Courlande, de Lithuanie, d'Esthonie et de
Petrograd. La pêche est limitée à de petits bâtiments à voiles naviguant dans les eaux côtières. La

mise en service de bateaux à moteur ne permet que depuis peu à quelques pêcheurs d'aller pêcher en haute mer. Les poissons capturés consistent surtout en sprats, sardines et morues ; on pêche également des anguilles, des éperlans et des carrelets. Dans certaines parties des estuaires des rivières qui se jettent dans les golfes de Finlande et de Riga, l'industrie du saumon est très importante. La pêche du « sig » (gwiniad) se pratique dans les estuaires et dans les fleuves tributaires du golfe de Finlande. Une très forte partie des poissons pris dans la Baltique est consommée par la population indigène à l'état salé ou frais. Dans les dix ou quinze dernières années, cependant, les fabriques de conserves, dont le nombre s'accroît toujours, ont reçu une quantité de poissons de plus en plus importante. Riga et Reval sont les grands centres de l'industrie des conserves de poissons en boîtes. On y trouve quarante fabriques plus ou moins grandes qui fournissent à la Russie d'Europe et à la Russie d'Asie du saumon et des sardines en boîtes, ainsi qu'un nombre considérable de sprats fumés. Les sardines de Reval sont particulièrement renommées pour leur saveur.

Les lacs du nord-ouest de la Russie sont connus depuis longtemps pour leurs pêcheries, qui donnent du travail à des dizaines de milliers de pêcheurs de profession et de fermiers de pêche. En dehors des quantités de poissons qui servent à l'alimentation de la population indigène, ces pêcheries donnent ap-

proximativement 5.000.000 pouds (80.000 tonnes)
par an d'une valeur de 10.000.000 à 12.500.000 francs.
Une exploitation défectueuse a amoindri leur rendement, et l'Etat, agissant de concert avec les
Zemstvos, prend des mesures pour restaurer cette
industrie.

La région du Nord est l'un des plus vieux centres
de pêcheries de la Russie. Les Pomors, habitants de
la côte de la mer Blanche et de l'Océan Arctique,
pêchaient depuis fort longtemps près de leurs villages, étendant graduellement leurs opérations à la
côte Mourmane, aux eaux norvégiennes et même
jusqu'au Spitzberg. Ils continuent leur industrie de
nos jours, bien que la superficie des eaux de pêche
ait diminué considérablement et qu'ils soient obligés
de se confiner à la côte Mourmane. L'industrie de la
pêche dans le Nord se divise en deux branches. La
première comprend la pêche du saumon dans les
fleuves et sur la côte, ainsi que la pêche du navaga
et du hareng. La seconde comprend la pêche en
pleine mer, sur la côte Mourmane, de la morue, de la
merluche, des poissons plats et du chat de mer. La
branche la plus importante, au point de vue local, est
la première, surtout à cause de la pêche du saumon.
Le Gouvernement sera bientôt obligé d'adopter des
mesures pour arrêter les abus qui se produisent cou-
ramment, car les saumons diminuent d'une façon
alarmante.

En raison des difficultés de la vie et de la nature

incertaine de cette industrie particulière, le rendement des pêcheries russes de la côte Mourmane a
récemment baissé et l'on a dû importer de Norvège
plusieurs milliers de tonnes de poisson. Le Gouvernement russe s'est inquiété d'une situation aussi peu
satisfaisante et s'est résolu à stimuler la colonisation
de la côte Mourmane, en accordant de plus larges
concessions aux colons.

Il y a quelque vingt ans encore, les eaux qui entou-
rent la péninsule de Kanin et l'île Kolguev étaient
encore à peu près intactes, bien qu'elles soient d'une
inépuisable richesse en morues et en poissons plats.
Aujourd'hui, cependant, bien des flottilles étrangères
y pêchent, surtout des chalutiers anglais, qui capturent de grandes quantités de plies de taille exceptionnelle. On estime que les quelque 100 chalutiers
à vapeur sillonnant les eaux de l'Océan Arctique
capturent ensemble 40.000 tonnes de poissons, particulièrement des plies.

La pêche du hareng, principalement en hiver,
joue un rôle considérable dans la vie de la population « Pomor », mais les quantités de poissons capturés subissent d'énormes fluctuations. Les variations
atmosphériques ont ici une extrême importance, car
les prises sont vendues à l'état frais.

Les harengs de la mer Blanche, par contre, approvisionnent le marché, pour la plupart, sous la forme
de harengs fumés. De février à mai, les banquises
de glace qui se massent dans le détroit de la mer

Blanche et celles de la mer de Barents deviennent le rendez-vous de millions de phoques du Groënland que capturent principalement des flottilles norvégiennes de bateaux à moteur ou à vapeur. La graisse de ces animaux est envoyée à Arkhangel, d'où elle est réexpédiée aux marchés de Russie, d'Allemagne et d'Angleterre.

L'industrie de la pêche dans l'Extrême-Orient porte principalement sur le saumon, mais les pêcheries de harengs, de morues et d'esturgeons de l'Amour sont importantes. D'après les statistiques de 1910, le total des prises offertes sur les divers marchés a atteint 112.000 tonnes de salmonides. Une quantité un peu moindre que 32.000 tonnes a été préparée pour le marché russe et le reste a été dirigé sur le Japon. Les saumons destinés au marché russe sont ou salés ou frigorifiés. Le caviar de saumon est absorbé par la clientèle indigène, alors que le poisson réservé au Japon est, sans exception, séché et salé et, selon la méthode japonaise, n'est pas mis en fûts. On a constaté dernièrement une sensible augmentation de la préparation du saumon en boîtes. Les fabriques russes de conserves travaillant surtout pour des marchés d'Angleterre et des Colonies, mettent en boîtes le saumon dit « nerka », dont la chair est d'un rouge vif. Le nombre des saumons qui remontent les rivières de l'Extrême-Orient pour frayer est presque incroyable. Les harengs pêchés sont expédiés en grande partie aux fabriques d'engrais, dont le produit est utilisé pour fertiliser les plantations de riz du Japon. Plus de 40 millions de harengs ont été pris en 1910 ; ils ont fourni plus de 1.600 tonnes d'engrais. Une petite partie de la pêche faite dans les eaux avoisinant Vladivostock est parvenue sur le marché à l'état salé. La morue se présente aussi en très grand nombre, spécialement au large des îles du Commandeur, près des villages de Javino et de Golyghino. Les indigènes ne mangent pas de morue, mais les Américains tirent de gros bénéfices de cette pêche, car ils vendent le poisson salé aux Chinois et aux Japonais.

L'industrie de la pêche en Extrême-Orient est, même dans sa situation actuelle, d'une très grande importance. Elle fournit jusqu'à 128.000 tonnes de poissons et d'autres produits marins, valant plus de 25.000.000 de francs (en dehors du poisson absorbé par la consommation locale). Elle emploie 20.000 hommes, non compris les équipages des bâteaux affectés au transport du poisson ; cette industrie a atteint une pareille extension en peu d'années.

Les pêcheries du Nord et de l'Extrême-Orient ont une importance politique, en ce sens qu'elles favorisent la colonisation ; de plus, elles sont une école pour la future marine russe. Cette considération explique les sévères mesures qui ont été proposées contre les pêcheurs étrangers. Jusqu'au moment où la Convention sur la pêche a été signée avec le Japon,

Le Transsibérien : section orientale.

au cours de l'été de 1907, l'industrie de la pêche n'existait que dans l'estuaire de l'Amour. En vertu de cette Convention, les Japonais ont acquis les mêmes privilèges que les Russes pour participer aux enchères portant sur l'attribution du droit de pêche dans ces eaux. La Convention s'applique à toute la côte maritime, à l'exception des trente-quatre baies et bras de mer spécialement énumérés, ainsi qu'à tous les estuaires de fleuves. L'industrie de la pêche dans les eaux conventionnelles est aux mains des Japonais ; elle est exercée par 211 entreprises, tandis que les entreprises russes peuvent être comptées par unités.

La raison essentielle de la concentration de cette industrie entre les mains des Japonais réside dans l'extrême faiblesse de la concurrence russe, qui se trouve paralysée par le manque de capitaux et qui, d'ailleurs, réserve son action aux eaux exclues de la Convention. D'un autre côté, les Sociétés japonaises sont bien pourvues de fonds, elles possèdent une forte flotte de bâtiments à voile et à vapeur avec un personnel abondant, naturellement expérimenté et se contentant de salaires peu élevés. Le fait que la préparation des prises destinées au marché japonais est simple et peu coûteuse permet aux entreprises de ce genre de faire leurs débuts avec un faible capital.

En même temps qu'il signait cette Convention, le Gouvernement russe accordait à des sujets russes, à des conditions avantageuses, des baux de longue durée dans les eaux non conventionnelles. La sanction impériale était nécessaire pour chaque cas particulier antérieurement à 1910, date à laquelle une loi a été promulguée. L'application de cette mesure a provoqué un vif intérêt pour les pêcheries de l'Extrême-Orient, surtout parmi les pêcheurs des autres parties de l'Empire, des trafiquants matelots, des marchands de poissons et autres professionnels. Les entreprises de pêcheries s'établissent sur la côte maritime et à l'embouchure de rivières qui étaient jusqu'ici désertes. Elles apportent ainsi la vie à ces régions reculées. A cet égard, la flotte volontaire subventionnée apporte une aide très efficace. Si cette flotte n'existait pas, comme la marine marchande russe n'est pas en situation de rendre les services qu'il faudrait, la vie dans l'industrie des pêcheries serait impossible dans la région du Lamthcatka.

L'industrie de la pêche dans l'estuaire de l'Amour s'est développée considérablement depuis la guerre avec le Japon, surtout au point de vue de la quantité de poisson capturé. La loi de 1907-9, qui a prolongé pour huit ans la durée de validité des licences de pêche dans l'estuaire de l'Amour, a joué un rôle important dans les progrès de cette industrie. L'énormité des captures faites dans l'Amour rend indispensable l'application de certaines restrictions. Cependant, ces restrictions ne doivent pas entraver cette industrie. Maintenant que les produits de la pêche sont dirigés sur les marchés indigènes au lieu de l'être sur ceux du Japon, les entreprises ne seront plus obligées de se livrer à une pêche aussi intensive du poisson, comme il leur fallait le faire pour compenser les prix excessivement bas pratiqués au Japon. L'État s'occupe maintenant d'organiser la pisciculture et on envisage la création de bassins d'éclosions à Nikolaievsk-sur-l'Amour.

Dans le bassin de la mer d'Aral, l'industrie de la pêche a fait de grands progrès depuis l'achèvement du chemin de fer de Tachkent qui a offert aux intéressés des facilités de transport à bon marché. Les principales espèces de poissons pêchés sont : la silure, la brême, le *vobla,* la *sandre*, la carpe, le barbeau, le brochet ; la famille des esturgeons est également représentée. La pêche est particulièrement fructueuse en hiver et les prises sont livrées à la consommation à l'état de poissons congelés. La région du Syr Daria est la plus importante de ce bassin.

La pisciculture a un immense avenir en Russie. L'élevage en étangs est en progression lente. Les premiers essais ont été faits dans les provinces de Pologne et de la Baltique, sur les frontières d'Autriche et d'Allemagne. Tout récemment, la question a soulevé beaucoup d'intérêt, en raison du fait que la réserve naturelle de poissons s'épuise et que les prix s'élèvent. Les conditions naturelles de la Russie sont très favorables à la pisciculture. Il a été pris différentes mesures pour assurer le recrutement d'instructeurs. On a offert des capitaux et des avis techniques aux sociétés coopératives et aux personnes désirant monter des établissements de pisciculture. Il existe déjà sur plusieurs points de la Russie des bassins d'élevage pour la perche et la truite. L'État s'occupe aussi du repeuplement artificiel des cours d'eau.

CHAPITRE XV

CONDITIONS SOCIALES. ABOLITION DE LA VENTE
DU VODKA

Que la guerre ait son utilité et ses récompenses de
même que ses maux et ses souffrances, cela a été mis
en lumière en Russie d'une façon encore plus puissante que dans le Royaume-Uni. De même qu'en
Grande-Bretagne, où toutes les classes de la nation se
sont groupées pour faire face à un ennemi commun,
de même que tous ceux appartenant à des confessions
différentes et professant les opinions les plus diverses
ont oublié leurs dissensions pour la durée de la
grande lutte dans laquelle ils sont engagés, en Russie
également, Juifs et Gentils, bureaucrates et révolutionnaires ont fait bloc pour la défense de l'Empire.
Les Russes sont devenus plus patriotes, ont fait
preuve de plus de fermeté dans leurs idéals, se sont
montrés plus loyaux envers le pays, plus soucieux
enfin des souffrances des autres. Plus étonnant que
tout, ils ont renoncé à la consommation du vodka;
ce que ni les lois de la Douma, ni les efforts angois-
sés des paysans luttant contre leur perfide ennemi,

ni les désirs personnels de l'Empereur lui-même n'avaient pu accomplir, le premier souffle de la guerre l'a réalisé en une seule nuit. En vérité, si la guerre est un mal, elle a apporté avec elle, en Russsie, un bienfait.

Avant la guerre, le paysan russe menait une vie de privations en tout, sauf pour le vodka. Son corps était grossièrement vêtu. Pour soutenir sa vie, il n'avait que le strict nécessaire. Son âme était plongée dans l'ignorance. Le vodka, qu'il pouvait se procurer en quantité illimitée, était son unique distraction. C'était la consolation de ses peines, la matérialisation de sa joie et son refuge contre la fatigue. Au cours des dix dernières années, une fermentation s'est peu à peu fait jour dans cette masse d'ignorance humaine. Les deux causes principales sont la conscription et la pression économique. La nécessité de répondre aux mesures militaires prises dans d'autres pays a amené le Gouvernement à prendre une proportion de recrues de plus en plus élevée d'année en année. Ces recrues formaient naturellement la partie la plus intelligente et physiquement la plus apte de la population. Pendant trois ans, ces hommes étaient soustraits à leur milieu, habillés et nourris décemment, et ils apprenaient à vivre d'une manière plus confortable que celle à laquelle ils avaient été habitués. Ils s'accoutumaient à la discipline, apprenaient à lire et à écrire et, comme ils servaient dans différentes parties de l'Empire, ils voyaient beaucoup de choses qu'ils auraient toujours ignorées dans le cours ordinaire de leur vie. Un demi-million de soldats libérés retournaient chez eux chaque année. L'expérience qu'ils avaient acquise modifiait graduellement leurs opinions et les idées de leurs co-villageois. D'un autre côté, la pression exercée par les faits économiques, tels que l'augmentation de la population et le taux élevé des impôts, diminue rapidement la productivité des terres communales devenues insuffisantes. Les paysans les plus intelligents ou les plus entreprenants se voient contraints de chercher leur salut dans l'émigration en Sibérie et autres régions asiatiques, ou encore de se livrer au commerce ou de chercher un emploi en dehors de leur commune. Cette nécessité économique tend à créer deux classes de paysans ; les énergiques et les résignés. La première de ces classes augmente lentement, mais sûrement, au fur et à mesure que la pression devient plus forte. Dans cette classe on peut ranger, à côté de l'émigrant, le prêteur sur gages (*kulak*), le petit commissionnaire (*khlebny skupchik*) et le maquignon coquetier (*skupchiki kommissionery*) qui achète au village des chevaux, du bétail, des œufs, de la volaille, de la viande abattue, etc... La classe des résignés se compose exclusivement de cultivateurs qui, du printemps à l'automne, travaillent du point du jour au crépuscule et se reposent sur leur poêle pendant tout le long hiver. Tous trouvent leur consolation dans le vodka et disent : « Joie, tristesse ou fatigue, c'est tout un, cela fait boire. » Telle était en peu de mots la situation du paysan russe avant la guerre.

Depuis le passage aux affaires du comte Witte, la distillation de l'alcool était un monopole d'État qui procurait au budget des ressources très importantes, et constituait même le plus considérable de tous les revenus de l'État. Ainsi, en 1913, le budget comprenait 3.415.000.000 de roubles comme recettes ordinaires, dans lesquelles le monopole de l'alcool entrait pour 900.000.000 de roubles, alors que le second article comme importance était le produit des chemins de fer avec 813.000.000 de roubles. Ce chiffre ne représente cependant pas le bénéfice net de ce monopole de l'État, car il faut en déduire 236.800.000 roubles pour frais d'exploitation, laissant un produit net de 663.200.000 roubles (1.764.000.000 de francs). Si l'on divise cette somme, ou plutôt celle de 3.750.000.000 de francs donnée par le budget des boissons, par le chiffre énorme de la population de l'Empire, la consommation par tête apparaît comme minime, la plus faible, en fait, de l'Europe, exception faite de la Norvège. Ainsi, le budget annuel des boissons consommées en Grande-Bretagne, qui est à peu près égal à celui de la Russie, correspond à une consommation par tête de 82 fr. 50 contre 22 fr. 50 pour la Russie, ou 15 lit. 50 contre 4 lit. 30. Le mal vient de ce que les Russes boivent beaucoup plus d'alcool à l'état brut que sous une autre forme : près de 9 litres d'alcool à 40 p. 100, soit deux fois la part d'un consommateur anglais. Cette différence ressort clairement des chiffres donnés par l'Annuaire de la statistique russe d'après lequel, en 1911, la production des distilleries de l'Empire a été de 15.203.400 hectolitres, contre 10.532.500 hectolitres pour la production des brasseries.

Presque au lendemain de sa création, la Douma entreprit de résoudre la question de l'alcool, mais les difficultés du problème étaient énormes, non seulement il fallait trouver une autre matière imposable pour remplacer les ressources dont l'État allait être privé, mais il convenait, d'autre part, de tenir compte des industries qui vivaient de la fabrication de l'alcool, — par exemple, la culture du seigle et de la pomme de terre, — et le problème de l'agriculture en général devait être pris en considération. Enfin, il ne fallait point perdre de vue que la cessation de la distillation priverait le peuple d'un combustible bon marché servant aussi à l'éclairage. Il était encore plus délicat d'envisager les conséquences que pouvait avoir la suppression pour le paysan de sa boisson favorite. Quoique se rendant parfaitement compte des funestes effets du vodka, le paysan savait par expérience qu'il était absolument incapable d'exercer un contrôle sur lui-même et de s'abstenir de boire. On peut rappeler à titre d'exemple que le Gouvernement ayant à un moment donné conféré aux municipalités certaines latitudes quant à l'application d'un régime local des

boissons, ces municipalités avaient de suite saisi
l'occasion pour augmenter le nombre des débits au
lieu de le réduire. Nul n'ignorait d'ailleurs que toute
mesure ayant le caractère d'une contrainte devait
encourager à coup sûr la distillation et le commerce
clandestins. C'est pour ces motifs que des personnes
à vue large préconisèrent, comme le moyen le plus
rationnel de résoudre le problème, de s'efforcer de
réformer la mentalité du peuple par une action indirecte plutôt que brutale et l'Église en particulier
initia un mouvement en faveur de la tempérance.

Malgré cela, les députés paysans de la Douma for-
mulèrent une proposition tendant à diminuer d'année
en année la quantité d'alcool fabriquée, à faire accorder à tous les villages le droit de déterminer leur
propre régime, et à fixer définitivement les heures
de vente et la quantité d'alcool susceptible d'être
vendue par jour à une même personne. Ces députés demandèrent, en outre, que la perte de recettes
ainsi déterminée fût compensée par divers procédés,
notamment par le rachat par l'État des chemins de
fer privés. Après plusieurs années, ces propositions,
approuvées par la 3e Douma, furent condensées, en
1913, en un projet de loi élaboré par une Commission
spéciale du Parlement et soumis à la Chambre Haute,
où il fut présenté au Comité avec quelques amende-
ments. Les objections du Gouvernement aux demandes d'abolition ne s'écartaient pas des critiques
précédemment indiquées et faisaient ressortir que

l'expropriation des chemins de fer par l'État était inopportune et injuste. En admettant même que cette procédure permît à l'État de renoncer à son monopole de l'alcool, il paraissait douteux que cette abolition pût avoir un effet quelconque sur la tempérance. Toutefois, le Gouvernement, se conformant à une décision de la Chambre Haute, déposa un projet de loi favorisant le mouvement en faveur de la tempérance et régla ensuite les heures d'ouverture des débits de l'État, en dehors des limites municipales, afin de respecter les vœux de toutes les assemblées de villages tendant à la fermeture de ces débits et à leur réduction dans les districts où les récoltes avaient été mauvaises.

En janvier 1914, la Loi de la Douma vint en discussion devant le Conseil d'Empire. Contrairement à toute attente, non seulement le Conseil favorisa l'attitude de la Chambre Basse, mais encore il adopta des mesures extrêmement sévères. Ces mesures accordaient l'option locale pleine et entière à tous les consommateurs, municipalités et villages, donnaient à toutes les autorités locales le droit de restreindre ou de prohiber la vente des spiritueux et permettaient aux femmes de voter sur les questions de cette nature dans les assemblées de villages. Cette dernière mesure assurait pratiquement une majorité dans toutes les communes russes en faveur de la prohibition. Les critiques du Gouvernement amenèrent cependant le Conseil à modifier ultérieurement ces

dispositions un peu trop dures. La durée des prohibitions édictées par les communes fut limitée à une
période de trois ans et une modification introduite
ultérieurement stipulait que ces prohibitions municipales ne pourraient toucher les débits situés sur
les terrains appartenant à des particuliers.

Après son passage à la Chambre Haute, le projet
de loi des députés paysans fut renvoyé à une Commission mixte comprenant des membres des deux
Chambres. Vraisemblablement, après être revenu
devant la Douma, il serait devenu avec le temps une
loi définitive si la guerre n'avait pas éclaté. Mais la
question prit une nouvelle tournure par suite de l'attitude qu'adopta alors le Tzar. Lorsque le comte
Kokovtsof se retira, l'Empereur saisit l'occasion pour
montrer tout l'intérêt personnel qu'il portait à la
question de la tempérance. Au cours du voyage qu'il
avait fait dans l'Empire lors des fêtes du tricentenaire
des Romanov, il avait fortement ressenti la nécessité
d'introduire la réforme de la tempérance. Reconnais-
sant combien la question était intimement liée à
celle du budget, il adressa à M. Bark, le nouveau
ministre des Finances, un rescrit dans lequel il
s'exprimait ainsi : « Je suis arrivé à la ferme convic-
tion que le devoir m'incombe, devant Dieu et.devant
la Russie, d'introduire dans le règlement des problèmes économiques du pays des réformes fondamentales destinées à assurer le bien-être de mon
peuple bien-aimé. Il n'est pas bon que l'équilibre du

budget dépende de la ruine des énergies spirituelles et productrices d'un grand nombre de mes loyaux sujets. »

Le message de l'Empereur reçut une réponse immédiate de la part des paysans. Dans toute la Russie, les habitants de chaque village s'assemblèrent et demandèrent par pétition la fermeture des débits ouverts par le service du monopole de l'alcool. Une suite favorable fut donnée à ces pétitions. Mais les difficultés, souvent entrevues, d'une telle situation se manifestèrent alors par la faiblesse et la perversité inhérentes à la nature humaine. Dans bien des cas, après une abstinence de plusieurs semaines, les paysans décidèrent qu'il leur était impossible d'endurer plus longtemps une abstinence obligatoire et ils envoyèrent une nouvelle pétition pour obtenir la réouverture des débits. Il était évident qu'avec ou sans législation le goût des liqueurs fortes ne pouvait pas être extirpé en un seul jour et que les progrès du mouvement tempérant devaient nécessairement être lents. Dans un article paru en 1914 dans son supplément russe, le *Times* discutait la question et faisait observer que « les encouragements prodigués aux paysans pour qu'ils résistent à la fascination pernicieuse du vodka doivent, pour être effectifs, prendre la forme d'une diversion compensatrice ».

Trois mois après que cette idée eut été émise, la guerre fut déclarée et la diversion souhaitée était

trouvée. Les Russes, après avoir été, comme tout le
monde sait, le peuple le plus ivrogne de la terre,
sont devenus automatiquement et d'un seul coup des
abstinents presque complets. Pendant la mobilisation
les débits de l'État furent fermés et cette mesure temporaire a été maintenue. Le Tzar a alors fait connaître
qu'il était décidé à prohiber à perpétuité la vente
de l'alcool par l'État.

Les dispositions prohibitives concernant la vente
de l'alcool ont été incorporées dans un Règlement en
date du 26 octobre 1914, adopté par le Conseil des
ministres, puis confirmé par le Tzar. Ce Règlement, à
dater du 14 novembre 1914, donne pouvoir au
ministre des Finances d'autoriser les villes, à des
conditions déterminées par lui, de vendre de la bière
blonde ou brune à consommer sur place. Il est
entendu, toutefois, que dans les localités en état de
guerre ou de siège, l'autorisation nécessaire ne sera
donnée qu'avec l'assentiment préalable des autorités
militaires. D'ailleurs, s'il était présenté par certains
corps constitués des pétitions tendant à l'interdiction
totale des liqueurs fortes, la vente de la bière serait
arrêtée.

En cas d'infraction, les inspecteurs du Fisc
seraient tenus de prendre toutes mesures d'accord
avec les autorités civiles et militaires pour faire
fermer les établissements contrevenants. Le Règlement stipule, en outre, que pendant la durée de la
guerre la vente des spiritueux sera entièrement

interdite, à la demande des sociétés villageoises et des sociétés *volost*, des assemblées provinciales et des conseils municipaux, sur l'ordre des gouverneurs de provinces ou de villes, enfin sur toute pétition émanant d'autres corps constitués qui y seraient intéressés.

La prohibition de la vente du vodka a provoqué cependant une énorme augmentation de la fabrication de produits délétères de substitution et les autorités ont dû agir énergiquement contre les fabricants de ces produits. Des témoignages montrent aussi que les paysans commencent à contracter la passion des cartes et que la passion du jeu s'implante parmi eux. Tout concourt à prouver que l'on ne saurait prétendre assagir un peuple à titre permanent par la simple suspension de la vente des spiritueux. Il est indispensable d'occuper le paysan, pendant ses heures de loisir, par des distractions rationnelles. C'est dans cet esprit que le zemstvo provincial de Poltava et le conseil municipal de Petrograd ont proposé de bâtir tout un réseau de palais du peuple (*narodny dom*). Cette même idée a été adoptée par le ministre de l'Intérieur, qui propose que ces institutions comportent, comme services principaux, une salle de lecture, une salle de thé, des logements pour les voyageurs de passage, des écuries pour les chevaux et des bureaux pour des emplois spéciaux.

L'interdiction de l'alcool a été prononcée en même temps qu'était pris l'arrêté ordonnant de fermer de

bonne heure les cafés et les restaurants. En conséquence, la vie nocturne a pris fin à Petrograd et, à
cet égard, la capitale de la Russie peut supporter
favorablement la comparaison avec Berlin, où l'on
dit que le vice est la seule chose qui n'ait pas augmenté de prix. Il y a peut-être lieu de regretter un
changement qui s'est apparemment produit par
suite de la disparition du vodka, c'est le comptoir du
zakuska devant lequel les Russes avaient l'habitude
de consommer debout leurs hors-d'œuvre accompa-
gnés de verres d'alcool. Dans tous les cas, ce comptoir n'existe plus dans quelques hôtels. Ce serait
dommage si un trait aussi caractéristique de la vie
russe venait à disparaître.

CHAPITRE XVI

INSTRUCTION PUBLIQUE

Depuis l'adoption par la Russie d'un Gouvernement représentatif, on remarque une grande activité dans le domaine de l'éducation nationale. L'un des objets que s'est manifestement proposé la Douma a consisté dans le relèvement considérable des crédits destinés à l'instruction publique et surtout dans l'augmentation du nombre des écoles. L'insuffisance des établissements d'éducation de tous degrés : primaires, secondaires et supérieurs, généraux et spéciaux, était autrefois un mal particulièrement criant. En même temps, on a multiplié les efforts pour améliorer l'instruction donnée aux élèves et assurer de meilleurs résultats au labeur du personnel enseignant.

La première Douma Impériale, dans son adresse au Tzar, a déclaré que l'une de ses tâches les plus importantes était de « faire tous ses efforts pour répandre l'instruction nationale et, avant tout, d'élaborer une loi établissant l'instruction gratuite pour tous ». Mais cette œuvre n'a pu être abordée, ni par

la première ni par la seconde Douma. L'activité de
la troisième Douma a porté plus de fruits. Il est vrai
que l'on a rencontré beaucoup d'obstacles en raison
des frictions qui se produisirent au sein même de la
Douma. Et c'est ainsi qu'au bout de cinq années de
travail le projet sur l'instruction publique n'a pu
prendre corps et aboutir à une loi, que la réforme
des écoles secondaires est toujours en suspens, et
qu'il en est de même des nouveaux statuts des Universités.

Quoi qu'il en soit, des crédits de l'instruction
publique ont atteint une importance sans précédent
et la question de l'organisation de cette œuvre d'é-
ducation a finalement pris son essor.

Les éléments progressistes qui agissent en faveur
du développement de l'instruction nationale sont les
Zemstvos et les conseils municipaux. En dépit de leur
faiblesse financière et de leur dépendance politique,
ils ont déployé de l'énergie à un moment où ces problèmes trouvaient peu d'appui auprès du Gouvernement. Depuis 1870, les Gouvernements locaux russes
ont créé toute une série d'écoles laïques et ont consacré une importante partie de leurs ressources à
l'instruction publique. Le tableau ci-après montre
l'accroissement des dépenses faites de ce chef par les
Zemstvos pendant la période de 1871 à 1911.

Dans toutes les provinces régies par les Zemstvos,
les écoles organisées par ces derniers sont les plus
nombreuses et tiennent la tête, leur programme

étant supérieur à celui des écoles ministérielles et, naturellement, des écoles paroissiales. La situation des instituteurs est meilleure et le contrôle officiel n'est pas aussi oppressif. On laisse une certaine initiative au professeur, de façon à lui permettre de guider ses meilleurs élèves pour leur permettre d'acquérir des connaissances dépassant le cadre du programme de l'école. Le type le plus répandu parmi les maîtres d'école russe est le type idéaliste.

ANNÉES	ROUBLES	FRANCS
1871	767.000	2.037.000
1881	3.684.000	9.799.000
1891	5.334.000	14.188 000
1901	16 544.000	44.007.000
1911	52.278.000	139.059 009

Dévoué à sa tâche et infatigable, quand il s'agit d'aider ses élèves, c'est un véritable mentor pour la jeunesse. Les appointements d'un instituteur russe ne dépassent pas 750 à 1.000 francs par an, c'est dire qu'ils sont inférieurs à ceux accordés aux maîtres d'écoles dans la plupart des autres pays, mais son enthousiasme est beaucoup plus grand que dans bien des États plus avancés. L'attitude libérale des Zemstvos contribue à élever le niveau de l'instruction et fournit une base pour l'application de l'instruction obligatoire, réforme qui sera introduite en Russie dans un avenir assez rapproché.

Dans les villes, les conseils municipaux ont obtenu
un égal succès avec leurs écoles. C'est Moscou qui
peut revendiquer le record des résultats. En 1890, la
ville n'entretenait que 272 classes; en 1910, elle en
avait 1472. On est parvenu à y faire adopter l'instruction pour tous, et le principe de la gratuité. La
durée de la scolarité a été portée à quatre années au
lieu de trois. Peu de villes peuvent produire des
résultats comparables à ceux de Moscou; néanmoins,
le nombre des écoles a augmenté partout et le niveau
de l'instruction a été relevé. Les écoles municipales
se divisent aujourd'hui en deux catégories : les écoles
primaires et les écoles d'un type plus élevé, où la scolarité est de quatre années, et qui offrent à leurs
élèves un sérieux programme d'études. Les meilleurs
élèves des écoles primaires sont admis dans les écoles
supérieures. Toutefois, le passage de celles-ci dans une
école secondaire est extrêmement difficile par suite
du fossé artificiel qui sépare les deux systèmes.
Malgré tout, les populations urbaines ont à présent,
grâce aux conseils municipaux et aux maîtres d'écoles,
les moyens d'acquérir une solide instruction pri-
maire.

Le vingtième siècle a introduit en Russie dans le
problème de l'éducation un nouvel élément qui est
appelé à exercer une influence décisive sur le cours
progressif de l'instruction. Les paysans et les classes
laborieuses qui ont été jusqu'ici admis sur la scène
de la vie publique ont manifesté un ardent désir

d'acquérir les connaissances qui leur font défaut. La génération nouvelle a pris conscience de ses besoins et elle veut s'instruire. Un grand nombre de livres ont été imprimés pour le peuple. En un court laps de temps on a créé des bibliothèques, des confé-rences, des instituts populaires, des ligues, des Universités et diverses autres organisations destinées à répandre l'instruction. La plus importante des institutions populaires est l'Université Shaniavsky, de Moscou; c'est une véritable université pour les masses qui s'est spécialisée dans l'enseignement de la science moderne. Le journal à dix centimes et même à deux centimes pénètre jusque dans les basses classes du peuple. Le désir d'apprendre s'est emparé non seulement de la population masculine, mais aussi, dans bien des cas et à un plus haut degré, de la population féminine, qui cherche à reconquérir sur le terrain de l'instruction la place qu'elle a perdue depuis de si nombreuses années. La statistique dressée pour la province de Moscou établit que sur 100 personnes agées de

```
55 à 60 ans, 29,4 savent lire et écrire (hommes 45.6, femmes 1,9).
35 à 40  —  43,1      —        —       —     70,8    —     9,6
20 à 25  —  56,1      —        —       —     85,2    —    33,4
12 à 15  —  82,4      —        —    (garçons, 93,4,  filles 74,5).
```

La comparaison fait ressortir les étonnants pro-grès que l'instruction a accompli en fort peu de temps. Le tableau ci-dessous montre, de son côté, les progrès réalisés pendant les vingt dernières années :

ANNÉES	NOMBRE D'ÉCOLES (en chiffres ronds).		ÉLÈVES		NOMBRE d'élèves par 100 habit.
	Laïques.	Parois-siales.	Garçons.	Filles.	
1880 . . .	23.000	4.000	900.000	230.600	1,28
1891 . . .	32.000	34.000	2.000.000	700.000	2,89
1911 . . .	60.000	37.000	4.000.000	2.000.000	2,85

La population du pays a doublé pendant cette période, mais le nombre des écoles et des élèves a augmenté dans une proportion beaucoup plus forte. L'accroissement le plus frappant est celui du nombre des élèves-filles.

Les écoles secondaires sont évidemment le chaînon le plus important de l'organisation scolaire, d'autant plus qu'elles préparent des élèves pour les universités et les hautes écoles. Le personnel enseignant est composé d'universitaires qui peuvent être regardés comme les pionniers du perfectionnement des méthodes pédagogiques. On ne peut affirmer que ces établissements d'instruction aient atteint dès à présent leur niveau normal en Russie. L'accès des universités est limité aux élèves ayant fréquenté les lycées (gymnasia). Il y a longtemps déjà que l'on a reconnu l'insuffisance des lycées russes au point de vue de l'instruction et leur réforme radicale a été envisagée, mais jusqu'à ce jour rien n'a été fait dans ce sens. Les statuts des lycées, qui ont été tracés en 1871, ont été partiellement modifiés, mais leurs caractéristiques ont été maintenues. Les lycées sont des écoles purement classiques ayant des tendances très strictes.

Les Universités donnent aux étudiants une instruction d'un ordre plus élevé, mais qui n'est pas spécialisée. Seuls y sont admis les étudiants du sexe masculin qui ont subi avec succès les examens de sortie des écoles secondaires classiques. Les Universités les plus fréquentées sont les plus anciennes de la Russie : celle de Moscou, fondée en 1755, qui compte à peu près 9.000 étudiants, et celle de Petrograd, qui en a 7.000 environ. Viennent ensuite les Universités de Kiev — 5.000 ; de Kharkov — 4.500 ; de Yuriev (autrefois Dorpat) — 2.400 ; d'Odessa ou Novorossisk — 1.500 ; de Varsovie — 1.200 et de Tomsk — 1.000. — Cette dernière Université a été ouverte en 1889, mais pendant un intervalle de vingt ans aucune nouvelle Université n'a été créée, bien que le besoin s'en soit fait vivement sentir. En 1909, il a été fondé à Saratov une Université qui ne comporte jusqu'à présent qu'une Faculté de Médecine. Le projet de budget pour 1913 prévoyait pour l'ensemble des Universités, y compris la Faculté de Droit de Iaroslav, une somme de 13.750.000 francs, en augmentation de 425.000 francs seulement sur l'année antérieure. Pour préparer les conférenciers et les professeurs de philologie, il existe deux instituts spéciaux, un à Petrograd, l'autre à Niezhim. En 1909, le Gouvernement a accordé l'autorisation d'ouvrir à Moscou un établissement d'enseignement supérieur d'un type particulier, l' « Université nationale », fondée par M. Shaniavsky, qui a offert un vaste bâtiment à cet effet, avec un revenu annuel de 125.000 francs.

Les Universités russes ne font pas beaucoup de progrès pour le moment, ainsi que l'on s'en aperçoit par l'augmentation très lente des prévisions budgétaires, surtout en regard des crédits affectés aux autres branches de l'instruction publique. Il semblerait que les Universités ne jouissent pas de la faveur ministérielle et, en fait, le ministère de l'Instruction publique ne s'est pas montré très tendre, au cours de ces dernières années, dans ses rapports avec ces établissements. Le 26 août 1905, un ukase impérial a accordé une entière autonomie aux corporations enseignantes, mais cet ukase n'a pas aboli les statuts de l'Université remontant à 1884, en vertu desquels le ministre de l'Instruction publique a le droit de nommer les professeurs en dehors du choix réservé au collège électoral. Jusqu'ici, les ministres n'ont exercé ce droit que dans de très rares occasions et avec beaucoup de discernement. Mais, au cours des années qui viennent de s'écouler, des interventions de ce genre sont devenues plus fréquentes ; plusieurs professeurs ont été déplacés par ordre du ministre, et ces déplacements ont été apparemment provoqués par le désir d'éloigner des Universités métropolitaines des personnes dont les tendances politiques n'étaient pas regardées favorablement. La politique ministérielle ainsi exercée a beaucoup froissé les milieux enseignants, qui sont impuissants à trouver un remède. Plusieurs professeurs, et non des moins éminents, ont démissionné à cause de ces faits. D'un autre côté, les professeurs qui se soumettent et consentent à être déplacés d'une Université à une autre perdent leur prestige aux yeux des étudiants. Il y a aussi une autre circonstance qui a contribué dans ces dernières années à obscurcir la vie intérieure des Universités, c'est l'agitation politique qui se manifeste parmi les étudiants. Cette agitation a été particulièrement désastreuse à l'Université d'Odessa. Les inscriptions à cette Université ont fâcheusement baissé, et cependant le nombre des jeunes gens désireux de fréquenter les Universités russes ne sont pas en diminution, bien au contraire. Malgré tout, les travaux universitaires se poursuivent. En réalité, les Universités russes n'ont peut-être jamais plus travaillé que dans ces dernières années. Les étudiants, il est vrai, consacrent plus de temps qu'autrefois aux sports en plein air et même à la littérature légère, mais cela peut s'expliquer par le fait que leurs études autres exigent un peu de distraction.

Afin de donner encore plus de valeur au personnel enseignant des Universités, on a augmenté le

nombre des traitements alloués aux personnes désireuses de se consacrer à la carrière de l'enseignement. Le ministre avait demandé à cet effet un crédit
de 50.000 francs en 1908; la Douma porta cette
somme à 300.000 francs, mais le Conseil de l'Empire
la réduisit à 250.000 francs par an. Il a été toutefois
proposé de relever cette somme.

Récemment, l'on a beaucoup fait pour asseoir plus
dignement la situation de l'Académie des Sciences,
la plus haute institution scientifique du pays. Son
budget, qui était demeuré longtemps presque stationnaire, a été presque doublé (2.500.000 francs
au lieu de 1.500.000 francs). Le nombre des chaires
de professeurs a été augmenté et le personnel enseignant renforcé. De plus, une aide financière complémentaire a été accordée aux divers services de l'A-
cadémie. La bibliothèque de l'Académie, l'une des
plus riches de Russie, a été logée dans un bâtiment
spécial. L'observatoire de Pulkow va recevoir les
fonds nécessaires pour créer deux stations supplé-
mentaires, l'une à Nikalaiev, l'autre à Siméis, en
Crimée.

Le Musée historique russe, nommé ensuite Musée
Alexandre III, qui jouit d'une dotation annuelle
de 250.000 francs, et dont l'ouverture a eu lieu à
Moscou en exécution de la loi du 5 juillet 1912, a
également pour but de répandre l'instruction en
Russie.

Une instruction technique spéciale est organisée

et développée par les soins de plusieurs départements d'État. L'instruction supérieure technique est donnée par différents instituts techniques dont la liste suit.

Ministère de l'Instruction publique : Écoles techniques de Petrograd, de Kharkov et de Tomsk. — École Impériale technique de Moscou. — Institut polytechnique de Riga.

Ministère du Commerce et de l'Industrie : Instituts polytechniques de Petrograd, de Kiev, de Varsovie, de Novocherkask. — Écoles des Mines de Petrograd, et d'Ekaterinoslav.

Département de l'Agriculture : École forestière de Petrograd.

Département des Postes et Télégraphes : Institut électro-technique de Petrograd.

Enfin, il y a à Moscou l'École des Ingénieurs, et à Petrograd l'Institut des Chemins de fer et celui des Ingénieurs civils.

Il reste encore à examiner un aspect de la question qui mérite une mention particulière, c'est l'instruction en dehors des écoles. Il y aurait beaucoup à dire à ce sujet, surtout sur l'activité des organisations publiques, telles celles désignées sous le nom d' « Universités Nationales », qui correspondent au mouvement qui s'est manifesté en Angleterre en faveur de l'extension des Universités. Leurs efforts se proposent de rendre possible à la nation la réalisation du vœu pieux émis par le génial Pirogov, le patriarche de la pédagogie russe, qui disait il y a cinquante ans : « La condition idéale et normale de l'instruction dans toute société devrait être telle que chacun pût entrer dans la vie par une large voie universitaire. »

CHAPITRE XVII

SITUATION DE LA FEMME EN RUSSIE

Le sort des femmes russes est à la fois meilleur et
pire que celui de leurs sœurs des pays civilisés de
l'Europe occidentale. Il est pire parce qu'en Russie
la pauvreté et l'ignorance sont fort répandues, et que
ce sont les femmes des classes inférieures qui res-
sentent le plus directement les effets de l'état arriéré
du pays au point de vue social et économique. La
grossièreté et la brutalité trouvent en elles leurs vic-
times les plus faciles et, en matière d'éducation, elles
ne reçoivent que les miettes. Mais il existe même là un
côté plus agréable de la question, et dans les milieux
ruraux, non seulement les femmes font le même
travail que les hommes, mais elles remplissent aussi
les mêmes devoirs publics. Dans beaucoup de régions
de la Russie, les hommes émigrent pendant l'été
dans d'autres districts, afin de gagner quelque argent.
Leurs femmes, alors, labourent, hersent et ensemen-
cent à leur place ; elles exécutent, en fait, tout le travail
agricole. Dans les assemblées de villages (*skhody*),
les femmes, en l'absence de leurs maris, discutent

toutes les affaires et prennent les décisions nécessaires. Quelquefois ces femmes jouissent d'une
grande autorité parmi leurs concitoyens. Ainsi, par
exemple, à Gostinopol, grand village de pêcheurs du
nord de la Russie, les paysans, sans s'inquiéter des
injonctions du Gouverneur interdisant de nommer
les femmes aux fonctions administratives, ont élu
une femme à l'unanimité, plusieurs années de suite,
au poste de doyenne.

Les changements sociaux et politiques qui se sont
accomplis dans ces dernières années ont eu leur
répercussion sur la situation de la paysanne. Elle
n'est plus aussi passive qu'autrefois. En particulier,
la jeune génération refuse de se soumettre docile-
ment aux coups et aux injures et l'on entend souvent les paysans se plaindre en disant : « Dieu sait
ce qu'ont les femmes maintenant! On ne peut pas les
toucher sans qu'elles commencent à crier! Je m'en
irai et je ne reviendrai jamais plus. » C'est en partie
à cause des modifications introduites dans les lois
que l'instinct de la résistance s'est éveillé chez la
femme russe. Sous l'empire du système des passe-
ports, une femme ne pouvait pas autrefois obtenir
un passeport séparé sans le consentement de son
mari. Elle se trouvait donc entièrement sous la
domination de son mari, et si celui-ci était vicieux
et dégradé, il abusait de son droit en soumettant sa
femme à des humiliations et à des insultes intoléra-
bles. Cet état de choses amenait des conséquences

tragiques et l'on voyait fréquemment des femmes torturées au delà de toute endurance, tuer leur bourreau ou se suicider. Aujourd'hui, ce lien a été relâché et une femme peut avoir un passeport séparé quand elle prouve que la vie commune avec son mari est intolérable.

Quelque dur que soit le sort de la paysanne et de la femme d'ouvrier, celles-ci sont parvenues à se conserver une certaine indépendance et on ne saurait les considérer comme absolument opprimées. Elles ont cependant encore fort à faire avant d'arriver au degré d'indépendance dont bénéficient les femmes des classes éclairées, connues sous le nom de « *intelligentsia* ». On englobe sous cette désignation générique tous les membres des professions libérales : médecins, ingénieurs, avocats, instituteurs et, dans une certaine mesure, les fonctionnaires. Ce qui détermine l'admission d'une personne dans le groupe de l'*intelligentsia*, ce n'est pas tant sa position sociale que son éducation et l'intérêt qu'elle prend aux questions intellectuelles, l'amour qu'elle professe pour le savoir et les sujets abstraits considérés en eux-mêmes. Dans cette classe de la société, qui atteint son maximum de croissance au cours de la seconde moitié du XIXᵉ siècle, les femmes ont dès le début conquis une situation qui, si elle n'est pas égale à celle de l'homme, prend néanmoins la forme d'une honnête camaraderie.

Immédiatement après l'émancipation des serfs,

lorsque la réaction générale contre l'ancien régime
trouva son expression en un ardent plaidoyer en
faveur de la liberté, de l'égalité et du respect dû à
l'homme dans sa dignité d'homme, les femmes furent
soulevées par les nouvelles idées humanitaires, elles
les proclamèrent avec enthousiasme et les appliquè-
rent à leur propre situation. Des filles de propriétaires fonciers, qui avaient été élevées en oisives,
rejetèrent les conventions de la vie mondaine, s'ef-
forcèrent d'assurer l'indépendance de leur existence,
et proclamèrent leur droit au travail et à la science.
La question féministe devint l'un des problèmes brû-
lants du jour. Elle fut discutée dans les salons à la
mode, dans les assemblées d'étudiants, dans les villes
et dans les campagnes les plus reculées. L'émancipation de la femme fit le fond de quantité de romans
et d'études dans les revues. Un nouveau type de
femme se substitua aux anciennes « jeunes filles en
mousseline », comme le romancier Pomialovsky
appelait les élégantes et précieuses jeunes femmes
de l'époque antérieure.

Bientôt, cependant, les femmes se convainquirent
que les discours, seuls, aboutissaient à bien peu de
chose, et que sans l'instruction les mots indépendance et égalité n'avaient aucun sens pour elles.

Elles saisirent donc toutes les occasions qui s'offri-
rent à elles pour se livrer à l'étude. Pendant deux
années elles fréquentèrent les Universités et suivi-
rent les cours dans les mêmes conditions que les

jeunes gens. Lorsque la fréquentation des cours leur fut interdite, des conférences réservées aux dames furent organisées dans des locaux privés. Un groupe de femmes remarquables et énergiques, dont les directrices furent MM^{mes} M. V. Trubnikova et A. P. Filosofova, fondèrent un collège supérieur de jeunes filles. Cet établissement eut d'abord une organisation imparfaite, mais, après plusieurs années d'efforts incessants, il devint une véritable Université féminine. L'une des raisons qui a décidé les autorités à donner leur agrément à cette création, c'est qu'un bon nombre de jeunes femmes russes s'expatriaient pour étudier et qu'à l'étranger, plus particulièrement à Zurich, elles s'intéressaient vivement aux idées socialistes. Il était assez malaisé de créer cette Université, mais les fondatrices reçurent des encouragements constants et des subventions de professeurs, d'écrivains et d'une façon générale de personnes amies du progrès. Elles étaient aussi soutenues par les témoignages d'intérêt qu'elles recevaient de l'étranger. Il y a cinquante ans, le lien qui unissait la Russie à l'Europe occidentale était encore fort ténu, et les femmes russes appréciaient d'autant mieux la valeur des sympathies que rencontrait leur œuvre de la part de personnalités aussi remarquables que Joséphine Butter et John Stuart Mill.

Conjointement avec le Collège de l'Université, on créa une Ecole de Médecine spéciale pour les femmes.

Au début, cependant, et bien qu'elles suivissent le même cours d'études que les jeunes gens, les étudiantes ne recevaient pas le titre de doctoresses, et étaient simplement appelées accoucheuses brevetées. Toutefois, lorsque la guerre russo-turque éclata en 1876-77, l'on reconnut que le nombre des chirurgiens était loin d'être suffisant pour faire face aux besoins. Il advint que la première promotion d'étudiants de l'Ecole féminine de Médecine venait de passer ses examens de sortie et le ministère de la Guerre autorisa les lauréates à prendre du service au front. Leur dévouement, leur esprit de sacrifice, leur courage et leur aptitude à travailler dans les conditions les plus difficiles fit alors tomber tous les préjugés. Les femmes gagnèrent leur bataille et, à la fin de la guerre, obtinrent le droit de porter le titre de doctoresses.

Plus tard, l'instruction des femmes eut souvent à souffrir des changements qui se produisirent dans la politique et quelquefois même tout progrès fut arrêté. Mais maintenant l'instruction des femmes est établie sur une base ferme. Dans toutes les villes universitaires il existe des collèges de jeunes filles qui ont été fondés presque tous grâce à l'initiative privée et, le plus souvent même, par les efforts des femmes elles-mêmes. Les étudiantes russes ne peuvent pas encore fréquenter les Universités, sauf celle de Tomsk où elles sont admises à la Faculté de Médecine. Des centaines d'étudiantes suivent les cours complets de l'Université dans les collèges de jeunes filles et passent leurs examens de sortie, dits « d'Etat », dans les Universités. Il est devenu commun maintenant de voir des jeunes femmes portant la croix de Malte bleue à laquelle ont droit ceux qui ont suivi les cours complets d'une Université.

Mais des connaissances égales ne donnent pas des droits égaux et beaucoup de carrières demeurent encore fermées aux femmes russes. La machine bureaucratique est si vaste et si compliquée, elle comporte tant de fonctionnaires de toutes espèces et de tous rangs, que la grande majorité des gens instruits dévie naturellement vers les services du Gouvernement, mais les femmes ne sont admises que dans les postes les plus infimes de la hiérarchie officielle. La loi interdit de nommer des femmes aux fonctions les mieux rétribuées, appelées postes du « cadre », et qui donnent droit à une pension de retraite.

Malgré cela, dans toute la Russie, des dizaines de milliers de femmes sont penchées sur des documents fastidieux ou tapent sur les machines à écrire dans tous les bureaux du Gouvernement. Dans les ministères et les tribunaux, dans les banques, les bureaux des postes et télégraphes, partout enfin où le travail est à demi machinal et n'exige qu'une demi-instruction, l'on peut voir une armée de femmes à l'œuvre. La plupart d'entre elles ont suivi les cours des lycées ou des écoles supérieures, c'est-à-dire qu'elles connaissent non seulement les équations, mais aussi le théorème du binôme de Newton ; non seulement les détails de l'histoire de Russie leur sont familiers, mais elles ont des aperçus sur les raffinements de la Renaissance, les intrigues de Metternich, les pensées profondes de Platon, et l'art brillant de Shakespeare, sans compter qu'elles sont au courant des dernières découvertes de la physique et de la chimie et qu'elles n'ignorent rien de l'anatomie de la grenouille et de l'homme. Les écoles supérieures russes visent, en effet, à donner à leurs élèves une instruction générale dans le plus large sens du mot, en leur montrant les côtés attachants de toutes les branches du savoir. En un mot, elles tendent à former des jeunes gens et des jeunes filles susceptibles de s'intéresser à toutes les manifestations de la haute culture. Pour une jeune fille dont les yeux viennent de s'ouvrir à un monde de découvertes intellectuelles, il est pénible de passer de l'école supérieure à un triste bureau où elle reste assise des heures à exécuter un travail de pure routine, ne faisant pas le moindre appel à l'initiative et qui est de plus très mal rémunéré. La pauvreté frappe constamment à la porte de ces travailleuses et leur vie est gênée par une abnégation douloureuse, à une époque où le cœur de la jeunesse bat plus rapidement et où les aspirations aux sensations nouvelles et au bonheur sont à leur maximum.

Dans certaines villes de province, une femme

occupée dans les services du Gouvernement reçoit quelquefois un salaire de 25 francs par mois pour un travail quotidien de sept à huit heures. Mais en général le salaire du personnel féminin varie de 300 à 2.250 francs par an. Seules, quelques favorisées reçoivent jusqu'à 5.000 francs, mais elles ne sont guère plus de dix dans toute la Russie, et elles sont occupées dans des bureaux municipaux. Dans les grandes villes, les appointements mensuels des femmes occupées dans les bureaux sont de 75 à 100 francs en moyenne. Le loyer d'une très petite chambre, sans la pension, n'est pas inférieur à 37 fr. 50 par mois. Ce qui revient à dire qu'il reste de 37 fr. 50 à 50 francs pour couvrir toutes les autres dépenses.

Depuis quelques années, les femmes russes ont multiplié les efforts pour accéder à des professions plus lucratives et plus intéressantes. Aujourd'hui, des femmes remplissent non seulement les fonctions d'institutrices dans les écoles primaires, mais encore occupent des postes de professeurs dans les écoles supérieures, voire même dans les écoles de garçons.

Depuis trente-cinq ans, les doctoresses exercent dans les villes et les campagnes dans les mêmes conditions que les hommes. Elles travaillent sous l'autorité des zemstwos et des conseils municipaux et elles ont la charge de diriger les services médicaux de certains hôpitaux. Le fait qu'actuellement les **femmes exercent comme doctoresses en médecine ne** donne lieu à aucun commentaire, et l'on apprécie hautement les services qu'elles rendent lorsque. des épidémies de typhoïde ou de choléra se déclarent dans certains districts, comme cela arrive fréquemment.

Il a été créé un certain nombre d'écoles où les jeunes filles peuvent acquérir les connaissances nécessaires pour exercer les professions d'architecte, d'ingénieur, d'électricien et de chimiste. Les jeunes femmes sortant de ces écoles trouvent l'emploi de leur activité comme chimistes dans les fabriques, comme architectes ou collaboratrices d'architectes dans les chantiers de construction, comme sous-ingénieurs sur les lignes de chemins de fer ou pour les travaux d'art, enfin comme membres de missions de prospection. Les femmes qui sont qualifiées comme expertes en agriculture sont envoyées dans les milieux ruraux en qualité d'éducatrices des paysans et généralement réussissent à inspirer confiance à ceux-ci.

Il est beaucoup plus difficile aux femmes d'embrasser la carrière du barreau. On compte en Russie environ 200 femmes qui ont achevé leurs études à la Faculté de Droit et qui sont pleinement qualifiées pour devenir avocates au point de vue de l'instruction professionnelle, mais elles ne sont admises ni par le service civil ni par le barreau. Il y a quatre ans, une demoiselle Fleischütz, qui avait obtenu ses diplômes à la Faculté de Droit de Paris et aussi à celle de Petrograd, voulut plaider devant le tribunal divisionnaire de Petrograd, mais le Procureur de la Couronne insista pour que les débats fussent arrêtés, en faisant valoir que les femmes n'avaient pas le droit de prendre la parole en qualité d'avocates. Toutefois, la Loi ne contenant aucune interdiction formelle à cet égard, le tribunal, interprétant ce silence dans un sens favorable aux femmes, autorisa Mlle Fleischütz à présenter la défense de son client. Ultérieurement, quelques jeunes femmes, ayant achevé leurs études de droit, s'unirent résolument dans l'action et, grâce à leurs efforts, un projet de loi fut présenté à la Douma pour autoriser définitivement les femmes à entrer au barreau. Le Conseil de l'Empire a rejeté ce projet.

L'opinion publique est en général du côté des femmes. Les deux premières Doumas, élues sur une base plus démocratique que les troisième et quatrième, possédaient une majorité favorable aux droits de la femme. Ces bonnes dispositions n'eurent cependant aucun effet pratique, car ces législatures n'eurent pas une longue durée et elles ne purent faire passer aucune loi. Il est toutefois un fait qui ne saurait être contesté, c'est que la fraction la plus influente de l'*intelligentsia* est absolument convaincue que la femme doit prendre une part active aux questions locales de gouvernement et à la politique générale. En vérité, il ne saurait guère en être autrement. Le système constitutionnel, encore très imparfait, qui a été établi en Russie au prix de si extraordinaires difficultés et de si violents désordres, est le résultat des efforts vigoureux et combinés des hommes et des femmes. La lutte a duré des dizaines d'années et, dès le début, des femmes étaient résolues à tout sacrifier pour la cause sacrée de la liberté. Beaucoup de personnes, qui étaient loin de partager les idéals politiques et sociaux des révolutionnaires russes, ne pouvaient cacher le respect que leur inspiraient ces héroïnes que rien au monde ne parvenait à arrêter. Elles firent beaucoup pour former le caractère féminin et pour amener la population à un respect général de la femme, bien qu'elles n'aient jamais visé directement ce résultat. Elles donnèrent un grand exemple de courage et de ferveur à cette classe de femmes, de beaucoup la plus nombreuse, qui s'adonnaient à de paisibles travaux, et leur infusèrent un esprit d'idéalisme élevé. Leur fermeté, leur force de volonté, leur ardeur spirituelle qui touchait souvent à l'extase, eurent un puissant effet en élevant la conception générale des perspectives ouvertes à la femme.

Ces avocates de la justice sociale parlaient rarement des droits de la femme ; elles avaient en vue des idéals lointains élevés, au regard desquels l'affranchissement de la femme ne semblait être qu'un insignifiant détail dont la réalisation viendrait d'elle-même. Mais, lorsqu'en 1905 on commença à se rendre compte que l'adoption d'une Constitution était pos-

sible et même imminente, des femmes russes, de
toutes les classes et de vues fort diverses, comprirent
que le moment était arrivé de parler de leurs reven-
dications. A cette époque, il n'existait pour ainsi
dire aucune organisation féminine, en dehors de la
Société de secours mutuels des femmes russes, qui
n'était guère qu'un club mondain, avec une teinte
de philanthropie. Mais l'effervescence politique qui
se manifestait eut une certaine influence sur cette
société qui, pour l'affranchissement des femmes,
créa une section qui est encore en activité. D'autre
part, une ligue pour l'affranchissement des femmes
fut mise sur pied avec une rapidité qui n'est possible
qu'à une époque révolutionnaire. Les femmes pro-
noncèrent des discours en faveur de leur cause dans
les meetings politiques, firent des tournées de conférences en province et publièrent des écrits. En un
mot, elles menèrent une campagne très active. Mais
ce n'était là qu'une partie de l'œuvre politique des
femmes. Leurs énergies s'étaient principalement
concentrées, comme précédemment, pour exercer
une action politique concertée avec celle des hommes.
Les femmes faisaient partout entendre leur voix,
dans la presse, dans les meetings et les congrès,
partout enfin où la volonté du peuple pouvait se
manifester. Elles écrivirent et parlèrent le plus fréquemment, non d'elles-mêmes ni des droits de la
femme, mais de ces problèmes politiques et sociaux
qui étaient au centre du conflit.

La période de convulsions et de réformes passa
sans apporter un changement matériel à la situation
des femmes russes. Mais peu à peu, pas à pas, la vie
accomplit son œuvre de nivellement. Une loi a été
adoptée pour donner à la femme des droits d'héritage
égaux à ceux de l'homme et, récemment, une autre
loi a introduit en Russie la séparation du mari et de
la femme en cas de nécessité. La Douma a, en outre,
déposé un projet autorisant les femmes à remplir
l'emploi d'inspectrices dans les fabriques. La sphère
d'activité ouverte au travail des femmes s'élargit.
Le nombre des femmes instruites augmente rapidement. Un fait très significatif, c'est l'intérêt de plus
en plus vif qu'excite la question féminine. Les meetings et les conférences où l'on traite de celle-ci
attirent dans toutes les villes de nombreux auditeurs,
aussi bien hommes que femmes. La caractéristique
de ce mouvement, c'est la spontanéité, car les groupe-
ments féministes sont encore très faibles et mal organisés. A côté de la Société de secours mutuels des
femmes russes, il existe aujourd'hui une Ligue des
Droits de la Femme et un Parti féministe progressiste, qui ne réunit qu'un fort petit nombre d'adhé-
rentes. Il n'y a pas de presse féministe comparable
à celle de l'Europe occidentale et les petits pério-
diques qui paraissent n'ont ni influence ni importance.

Les femmes illuminées et militantes déploient
pour la plupart leur énergie non pas dans les sociétés

féministes, mais dans une action de politique générale. Dans tous les partis politiques, les femmes
jouent un rôle important et dans les partis d'opposition, y compris celui des Cadets de gauche, les
femmes sont membres des comités centraux et des
comités locaux. Jusqu'ici, il est un fait à noter, c'est
que les femmes russes n'ont pas mis au premier plan
leurs intérêts spéciaux ; elles n'en ont fait qu'un
élément de leurs idéals politiques généraux. C'est
pour ce motif que le féminisme militant, avec sa tendance à créer une hostilité entre les deux sexes, n'a
pas encore fait son apparition en Russie.

L'opinion publique est encore dans son enfance
en Russie, et les préjugés et les traditions indéraci-
nables que les femmes des autres pays ont tant de
difficultés à vaincre n'y sont pas aussi fortement
développés. On peut donc espérer que si les hommes
et les femmes de Russie continuent à travailler côte
à côte dans un esprit de camaraderie, comme ils
l'ont fait jusqu'à présent, les femmes russes ne seront
pas obligées de passer par cette phase très pénible
et quelque peu humiliante de l'émancipation.

CHAPITRE XVIII

INDUSTRIES RURALES

La première tentative sérieuse de faire connaître
dans leur ensemble aux peuples d'Europe les industries auxquelles se livrent les paysans russes a été
faite à l'Exposition Universelle de Paris en 1900 par
un comité influent de dames présidé par la grande-
duchesse Elisabeth Feodorovna. La valeur artistique
de tous les objets exposés, même des plus insignifiants, provoqua la surprise de tous ceux qui igno-
raient que cette qualité se révélait précisément dans
les objets les plus communs fabriqués à la période
classique ou médiévale. Il n'y avait d'ailleurs pas à
s'en étonner, car les conditions dans lesquelles
avaient été fabriqués les objets exposés sont exactement celles que William Morris a définies il y a de
longues années comme fondamentales pour la production des belles choses, à savoir : que le client
soit en contact avec le fabricant et que leurs goûts
s'harmonisent. C'est cette beauté sur laquelle il faut
faire fond pour ouvrir au *koustar* (ouvrier d'art
russe) un débouché hors de son propre pays. Tout

récemment encore, les objets usuels étaient exclusivement fabriqués par le paysan, ou pour son propre usage, ou pour celui d'autres paysans.

Parlons d'abord du paysan. C'est un homme difficile à décrire en peu de mots. Il peut être, et il est fréquemment un personnage très retors, d'une finesse qui s'allie fort bien à l'ignorance. Il s'exprime d'une façon très pittoresque et c'est à lui que la langue russe doit d'être aussi riche en proverbes. L'immensité de son pays jette dans son âme une note mélancolique qu'il reproduit dans ses chants. Son naturel est enfantin ; comme un enfant il aime les couleurs vives, alors que la simplicité et la bonté peuvent être comptées parmi ses qualités les plus caractéristiques. Il est pénétré de légendes et de contes de fées, qui lui fournissent les sujets d'ornementation de ses ouvrages. Il s'adapte parfaitement aux circonstances. Un dit-on veut qu'il soit honnête tant qu'il porte sa chemise d'une manière visible ; mais lorsqu'il abandonne son village, séduit par l'attraction des villes, il singe les citadins et tandis qu'il cache sa chemise, il dissimule souvent les règles de l'honnêteté avec un certain succès. Sa propreté est d'un ordre spécial, car s'il peut prendre un bain chaque semaine, il continuera néanmoins à porter le même linge avec une régularité stupéfiante. Il est pauvre, extrêmement pauvre, et trouve le moyen de vivre avec presque rien. Ses convictions religieuses lui permettent de traverser bien des épreuves avec

un sourire. Il est courageux et adroit, qualités qui
en font un bon soldat.

Comment se fait-il alors que le paysan russe ait
créé sans aucune assistance extérieure, sauf dans ces
dernières années, toute une série de vastes industries de la plus haute importance pour son bien-être
matériel? Comment est-il arrivé que le nombre des
paysans occupés à de petites industries familiales
atteigne dix à douze millions et que la valeur de leur
production annuelle ne soit pas très éloignée de
2.500.000.000 de francs? Il convient d'ouvrir ici une
parenthèse pour expliquer que la nature flottante et
temporaire des industries rurales dont il s'agit ne
permet de disposer que de quelques travaux statistiques auxquels on puisse vraiment se fier, et que
les chiffres donnés sont nécessairement sujets à certaines réserves.

Nous rappellerons que le paysan vit à la campagne; c'est l'agriculture qui le nourrit, quelquefois
fort mal dans les années de faible récolte. Il y a dans
l'année bien des mois où il est condamné à l'inaction.
L'hiver arrive et prend possession de ses terres
comme par une main de fer. Voilà son milieu naturel
et c'est là que, par suite d'on ne sait quelle évolution,
sont conçus et exécutés les dentelles merveilleuses,
les fines sculptures, les jolis et bizarres motifs qui
ornent les tissus et les ouvrages en bois, les magnifiques *Loukout* en bois laqué, et les majoliques aux
formes originales.

Les *koustarny*, ou industries rurales de Russie, sont en somme une forme d'occupations familiales des populations agricoles, qui servent dans une mesure plus ou moins large à assurer une source supplémentaire de revenus. Toutefois, cette définition est devenue aujourd'hui trop étroite, car, dans certains cas, les petits artisans *koustari* n'ont pas d'occupation agricole et, dans d'autres cas, l'industrie qu'ils exercent est de telle nature qu'elle ne peut pas être pratiquée dans les petites maisons d'habitation. La distillation du bois en est un exemple. Il existe aussi quelques industries qui affectent le caractère de travaux de manufacture.

La filature et le tissage sont deux formes très anciennes et fort répandues des industries familiales russes. Des centaines de millions de mètres de draps de sortes diverses sont fabriqués chaque année. Plus des deux tiers du lin consommé en Russie sont absorbés par les paysans, le reste allant aux manufactures. Le tissage des cotonnades donne de l'occupation à des milliers de familles, tandis que d'autres milliers d'ouvriers en chambre tissent le velours, la peluche et autres étoffes de soie. La poterie faite par les paysans pour leur propre usage est habituellement fort grossière et le mode de cuisson en est très primitif. D'autres articles, grossièrement fabriqués pour eux-mêmes par les paysans, et qui sont rarement exportés, sont les serrures, la coutellerie, les toiles métalliques, les chaussures, les vêtements en peau de mouton, la sellerie, les objets en corne et la brosserie.

Si nous examinons les marchandises destinées à
l'exportation, nous trouvons alors des articles tout à
fait différents. Etudions d'abord les objets en bois.
Il n'y a pas à se tromper sur leur origine russe.
Aucune influence extérieure n'est venue contrarier
la conception des dessins et des nuances. Son origi-
nalité est indéniable ; elle se reconnaît dans la forme
des meubles, des plateaux sculptés et peints, des éta-
gères à livres, des jouets, des objets en bois laqués.
Les meubles remarquables de Semenovsky, qui sont
laqués en rouge, noir et or, sont fabriqués dans le
district de Semenov, du gouvernement de Nijni-Novgorod. Une spécialité de ce genre de meubles réside
dans la fabrication des petites tables et des chaises
d'enfants, lesquelles peuvent être démontées et
emballées très facilement. Leur bon marché constitue un autre point en leur faveur. Les plus jolis
meubles sont faits dans le gouvernement de Moscou,
mais on fabrique également de très beaux ameuble-
ments près de la ville de Viatka. On fait des meubles
du plus bel effet avec le bois de *tchinar* et les
racines de quelques autres arbres. A l'Exposition du
Home Ideal qui a eu lieu à l'Olympia, on pouvait
voir plusieurs chambres meublées dans le style
russe qui donnaient une excellente idée de l'art de
l'ameublement en Russie. Ces chambres figuraient
parmi les parties les plus remarquables de l'exposition du Village russe. Les jouets russes en bois

blanc peints et laqués ont une réputation mondiale.

Depuis les temps les plus anciens, la dentelle a toujours été un des ornements préférés de toutes les classes de la société russe. En conséquence, la dentelle était fabriquée avec beaucoup de soin dans presque toutes les maisons pour les besoins de la famille. L'industrie dentellière russe, bien qu'ayant été constamment sous l'influence étrangère, a cependant retenu beaucoup de ses caractéristiques nationales. Bien que l'on reproduise beaucoup de dessins étrangers, ils reçoivent assez rarement un cachet russe lorsqu'ils passent par les mains des paysannes. D'autre part, certaines dentelles étrangères très fines sont copiées par ces paysannes avec une exactitude et une dextérité surprenantes. Le travail le plus fin s'exécute à Eletz, dans la province d'Orel. On fait aussi des broderies, des jours sur toile et des ouvrages d'ornement lamés d'or et d'argent ; tous ces travaux sont extrêmement fins comme texture, dessin et coloris.

Le tissage des tapis à l'aide de fils de laine est encore l'une des plus importantes industries auxquelles s'adonnent les paysans. En dehors des tapis renommés du Caucase et du Turkestan, cette branche d'industrie est exploitée dans le district de Touman, du gouvernement sibérien de Tobolsk, et aussi dans plusieurs gouvernements de la Russie d'Europe. Dans le Caucase on fait des tapis depuis un temps immémorial et leur fabrication porte l'empreinte de

la forte influence des pays orientaux limitrophes, la
Perse et la Turquie. Le fil employé à la manufacture
des tapis est entièrement filé à la main et teint par
les paysans Les tapis les plus chers du Caucase, dits
« Karabakh », sont faits dans le district de Kouban,
du gouvernement de Bakou. Des tapis magnifiques
viennent aussi des possessions russes de l'Asie Centrale, plus particulièrement de la Transcaspienne et
du Turkestan. Les tapis de Tekinsk sont un bon
exemple de ce genre de fabrication.

Les ouvrages en métaux des paysans sont peu
connus à l'étranger, bien que les statuettes artistiques en fonte de Kaslin, dans le gouvernement de
Perm, jouissent d'une réputation universelle. Des
groupes tels que l' « Adieu du Cosaque » et « Djigi-
tobka » (Haute école par un Cosaque) montrent de la
part des artistes une grande adresse de production.
Le clivage et le polissage des pierres dures est à
peu près limité au gouvernement de Perm. C'est là
que se font les articles en sélénite, comme les porte-
cigarettes, les cendriers, les cadres, et autres objets
d'ornement. On taille des sceaux, des boutons et
autres articles dans le cristal de roche, la topaze,
le quartz et autres pierres de l'Oural. On fait également des chapelets, des compotiers, des boîtes, des
presse-papiers et de petites figurines avec la mala-
chite, le jaspe et un certain nombre d'autres pierres
précieuses et demi-précieuses. Les paysans des gouvernements de Kostroma et de Kazan fabriquent

beaucoup de bijouterie originale en filigrane : croix, bagues, boucles d'oreilles, chaînes, broches et bracelets.

Nous n'avons pas fait mention des industries rurales de Pologne, des Provinces Baltiques et de Finlande, car l'espace nous manque pour faire une description portant sur toute la Russie. Dans la plupart des cas, les industries qui existent dans d'autres régions ne sont que la répétition de celles déjà signalées. Nous n'avons rien dit non plus des cours pratiques et de l'assistance financière donnés aux paysans par le Gouvernement, les autorités administratives et les particuliers. Il y a plus de 250 écoles et ateliers où les paysans apprennent à faire des travaux plus artistiques et, autant que possible, on cherche à amener les paysans, dans la fabrication de la dentelle et de la sculpture sur bois, par exemple, à s'affranchir des influences modernes pour retourner aux anciens et purs dessins de leurs aïeux.

Le penchant naturel du *koustar* russe pour la coopération volontaire est de la plus haute importance pour l'organisation de ces industries. Certaines de celles-ci, comme le tissage et la broderie, ne réclament naturellement que le travail d'une seule personne; dans ces industries et quelques autres, le paysan travaille donc seul et chez lui. Dans d'autres branches, au contraire, la production exige le groupement de deux ou trois ouvriers, comme, par exemple, dans le travail des métaux, ou la fabrication des cuillers en bois. Il faut même quelquefois que beaucoup de travailleurs s'assemblent pour exécuter certaines fabrications, comme les cuillers en corne et d'autres articles. La décoration des icones dans le gouvernement de Vladimir est aux mains de petites associations d'artistes. L'un des associés peint les fonds, un autre les têtes, un troisième les figures, un quatrième le halo et les bords en métal ; un autre, enfin, exécute les inscriptions. Invariablement, les associations sont libres : la part revenant à chacun sur les bénéfices est fixée à l'amiable entre les artistes, et tout paresseux ou incapable est sommairement expulsé. Si on le garde par charité, on lui donne une occupation où il ne peut causer aucun dommage. Chaque association élit son chef ou *starost* qui règle les affaires avec le monde extérieur ; il est récompensé de ses peines en n'exécutant qu'une tâche plus légère, mais il n'existe point de règle générale à ce sujet.

Il nous est impossible de donner des renseignements complets sur ces associations en raison du peu d'espace dont nous disposons. Chaque village a son individualité propre, qui est très accentuée et souvent déconcertante. Ainsi, une famille entière de chapeliers, par exemple, abandonnera ses champs en automne, et après un séjour fait à la fameuse foire de Nijni-Novgorod pour acheter de la pelleterie et du feutre, descendra la Volga sur une distance de 300 kilomètres, jusqu'à une ville où elle ouvrira une boutique, pour y fabriquer des casquettes de fourrure et les vendre sur place ou dans les foires des environs. L'été revenu, la famille, dont les membres représentent trois générations, retournera à ses champs, après avoir cloué les volets et les portes de son habitation de la ville. Toute personne connaissant la vie de village en Russie pourra citer à l'infini des exemples analogues où se montre le même esprit d'association.

Le sens de la beauté est traditionnel chez les paysans russes. Les dessins des broderies qu'ils vendent sont copiés sur les ornements de leurs propres sous-vêtements, que l'on se lègue de génération en génération et qui sont fidèlement copiés depuis des siècles ; les jours sur toile ont une origine similaire, et une grande partie du secret du caractère national russe se révèle à l'observateur par ces expressions spontanées du goût et des préférences d'un peuple, dépourvu d'instruction mais impressionnable, qui portent la marque de la sincérité et de la simplicité.

TABLE DES MATIÈRES

		Pages.
Introduction a l'édition française		1
Note de l'éditeur anglais		5
Introduction, par Sir Donald Mackenzie Wallace, K.C.I.E., K.C.V.O.		7
Chapitre I.	Finances, Commerce et Industrie	18
— II.	Commerce extérieur et transports maritimes	34
— III.	Routes commerciales	50
— IV.	Tarifs. Chambres de commerce. La langue russe	72
— V.	Industries textiles	86
— VI.	Génie civil. Industries diverses	108
— VII.	Ressources minérales. Houille et pétrole	125
— VIII.	Or et platine	141
— IX.	Fer et acier	156
— X.	Cuivre. Métaux divers. Sel	168
— XI.	Agriculture. Céréales. Fruits et légumes	183
— XII.	Lard. Sucre. Tabac	205
— XIII.	Foréts. Industrie du papier. Foires russes	221
— XIV.	Pêcheries	237
— XV.	Conditions sociales. Abolition de la vente du vodka	252
— XVI.	Instruction publique	264
— XVII.	Situation de la femme en Russie	276
— XVIII.	Industries rurales	291

CARTES

			Pages.
Planches	I.	Routes maritimes septentrionales et route terrestre actuelle	55
—	II.	Le Chemin de fer de la côte Mourmane.	63
—	III.	Les régions de culture du coton dans l'Est.	93
—	IV.	Ressources minérales de la Russie. . . .	133
—	V.	Ressources minérales de la Sibérie. . . .	163
—	VI.	Le Transsibérien (Section occidentale). .	195
—	VII.	Le Transsibérien (Section orientale). . .	247

ÉVREUX, IMPRIMERIE CH. HÉRISSEY

H. DUNOD ET E. PINAT, ÉDITEURS

En cours de publication

LA TECHNIQUE DES AFFAIRES

(MÉTHODES FRANÇAISES & ÉTRANGÈRES)

PAR

L. CHAMBONNAUD

PROFESSEUR A L'ÉCOLE SUPÉRIEURE DE COMMERCE
ET D'INDUSTRIE DE PARIS
ET A L'ÉCOLE DES HAUTES ÉTUDES COMMERCIALES

Avec la collaboration de plusieurs spécialistes.

1. **Les Affaires nouvelles.**
2. **Les Affaires et la méthode scientifique.**
3. **Les Affaires et le personnel.**
4. **Les Affaires et l'art de les traiter.**
5. **Les Affaires par correspondance.**
6. **Les Affaires et l'imprimé.**
7. **Les Affaires et l'annonce.**
8. **Les Affaires et l'affiche.**
9. **Lancement d'affaires.**

Chacun de ces 9 volumes, de format 22 × 15, comprendra de 250 à 500 pages et coûtera environ 10 francs. Le premier paraîtra en novembre 1917 et les suivants tous les deux mois.

Nous acceptons dès à présent des souscriptions pour la collection entière avec réduction de 10 0/0 environ sur le prix des volumes achetés séparément.

Ces souscriptions n'entraîneront aucun paiement d'avance pour les volumes à paraître, qui ne seront réglés qu'après leur envoi.

ÉVREUX, IMPRIMERIE CH. HÉRISSEY

9 782019 912024